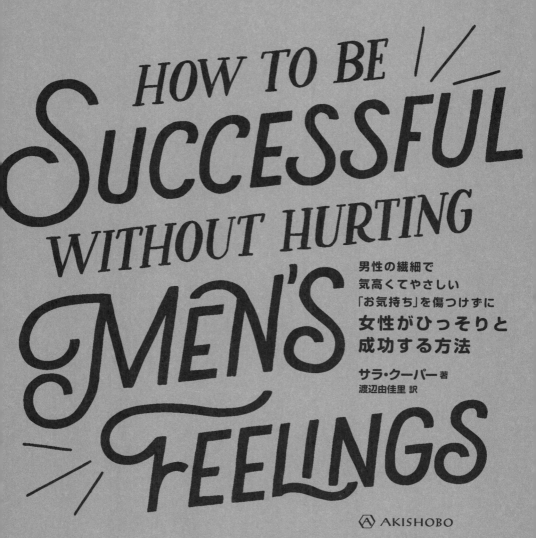

HOW TO BE SUCCESSFUL WITHOUT HURTING MEN'S FEELINGS

男性の繊細で
気高くてやさしい
「お気持ち」を傷つけずに
**女性がひっそりと
成功する方法**

サラ・クーパー 著
渡辺由佳里 訳

AKISHOBO

ビジネスの世界で働く女性が
最も辛いと感じることは何でしょうか？

　──女性問題について造詣が深い方々から
　　ご意見を伺いました（全員男性ですが、
　　女性問題の有識者を選んだらこうなりました）。

TABLE OF CONTENTS

How to be successful
without hurting men's feelings

by Sarah Cooper

本書の執筆中に
心を傷つけられた男性はおりません。

この本を書いている時に私が一番心配したのは、これが大ベストセラーになって男性の繊細なお気持ちを傷つけてしまうことでした。それだけは避けたいと思っていましたので。

毎朝目覚めるたびに、「私がこんな大それたことをしていいのか?」と繰り返し問いかけてきました。

女性が成功の機会を求めるなんて、思っていることを声に出して言うなんて、知識を持っているなんて、男性が間違っている時にそれを指摘するなんて、よくもそんなことができるものです。男性が正しい場合でも「正しい」と言うのは失礼です。だって、彼は男性なのですよ!　いつも正しいと決まっています!

こういったことを毎日自分に言い聞かせ、私が抱いてきたすべての夢や希望を自分の内部の深くに押し込むことができました。練習のおかげで、口がきけないほどの憤りを覚えた時でも、目の奥に怒りの炎がちらっと見える程度まで隠すスキルを得たのです。

けれども、目の奥にちらっと炎を見せてしまうのも、努力が足りません。私の夢や希望よりも貴重なものがあるのを忘れてはなりません。それは、男性の自尊心です。

男性の自尊心はいかなる犠牲を払ってでも
死守しなければならない

「でもね、サラ。もし男性が恐ろしいミスをしかけている場合はどうなんですか? 死ぬかもしれないようなミスの場合には止めてあげるべきじゃないんですか?」と疑

問に思う人がいるかもしれません。

答えは「ノー」です。その場合でも決して止めてはいけません。

メアリーの例を挙げましょう。メアリーは社外でのオフサイトミーティングに向かうために同僚のスティーブが運転する車に同乗していました。夕暮れが近づいている時間だったのですが、スティーブはヘッドライトを点灯し忘れていました。メアリーは親切に「ヘッドライトがついていないわよ」と言い、スティーブはちょっと笑ってライトを点灯しました。メアリーはスティーブがさばさばしていることにほっとし、予想通りに無益だけれど楽しいチーム作りアクティビティを一緒に体験しました。

けれども、帰りはそう容易ではありませんでした。

戻り道でもスティーブはヘッドライトを点け忘れるという同じ失敗を繰り返しました。でもこの時には、メアリーは注意するのをためらいました。というのも、戻りは自分以外の同僚も乗っていたからです。数秒迷ってから、メアリーは間違いを正してあげるほうが、乗っているみんなのためにも安全だという結論に達しました。この次に何が起こったか、読者のみなさんにはもうおわかりでしょう。メアリーはスティーブにヘッドライトを点けるように言い、後部席に乗っていた同僚たちはスティーブの失敗を笑いました。スティーブは恥をかかされてフラストレーションを覚え、怒りで一瞬目が見えなくなり、一時停止の標識を見過ごして直進し、SUV車に真横から衝突しました。幸運なことに全員が無事でしたが、不運なことに全員が事故をメアリーのせいにしました。

同僚たちはメアリーがスティーブに運転の指図をしたのが悪いとなじり、メアリーは自分は正しいことをしただけだと自己弁護しました。

でも、メアリーは間違ったことをしたのです。とても間違ったことを。

もし男性の自尊心と生命のどちらかひとつを守る選択肢を与えられたら、マジで、彼の自尊心のほうを選ぶべきです。後できっと感謝されます。でもまあ、彼は死んでしまうので感謝する機会はありませんが。私が言っている意味はわかりますよね？

いずれにせよ、男性にとって自尊心を傷つけられるのは死ぬほど苦痛なのです。ヘッドライトを点け忘れるというのは、プレゼンに間違った日にちを入れてしまうとか、見積もりの数字に0をひとつつけ忘れるとか、ダメな製品を会社の新製品ラインに推すとか、インターンと性的関係を持ってしまい訴訟で会社に何億円ものダメージを与えるとかいった、職場での悲惨なミスのややマイルドな例でしかありません。

女性として、私たちはつい「すみませんが、この部分がちょっと間違ってますよ」と指摘してあげたくなってしまいますが、ぜったいに口にしてはいけません。「怖くない女」であるためには、私たちは男性のミスを防ぎたいという衝動を避けなければなりません。なぜなら、誰の役にも立たないことですから。特に私たち女性にとって。

残念なことに、ミスを指摘することだけには限りません。職場では私たち女性はいかなる存在感を持つことも避けなければなりません。貴女が本当に昇進し、成功したいのであれば、野心家であること、権力を求めていること、知識があることを見せてしまうのは危険なのです。

私はビジネスの世界で女性たちが何度も同じ過ちを繰り返すのを見てきました。昇進したいことを同僚に打ち明ける、上司に昇給を求める、自分の仕事ぶりに目を向けさせるといったことです。会議の進行役になる、会議で発言する、会議で周囲を見渡す、会議で息をすることだってそうです。

これらの過ちを目撃してきた私は、女性が努力をすることによって生じるフラストレーションを解消する本を書くのが自分の使命だと思うようになりました。本書に書いて

いるヒントの多くは、男性が支配するITビジネスの世界で働いている時に私が学んだことです。とはいえ、時には私だってそれを忘れて失敗しますし、「怖い女」になることもたまにあります。でも、通常はこれらのルールにしっかり従っていますし、それがまあまあの成功に繋がったと思うのです。きっと。たぶん。

本書は、職場でまともに扱ってもらいたい女性が遵守すべき「怖くない女」のリーダーシップ指南書です。この場合の「まとも」とは、もちろん「まともではない」という意味ですけど、そのために戦わねばならないのです。もちろんこの場合の「戦う」とは「受け入れる」という意味です。

本書は、女性があまり大きな夢をみないことで夢の職業に就く方法から、セクシャル・ハラスメントの加害者を守りながらハラスメントに対処する方法、男性が話したいだけ話し終わるのを辛抱強く待っている間に落書きをする空白ページなど必要なものをすべて揃えています。各章には、貴女が抱いている挑戦的な意欲を削ぐための挑戦的な「練習」があります。私はこれを「非アクション・アイテム（やるべきことをやらない事項）」と呼んでいます。

なぜなら、時には何もやらないことが、 最善の行動（非行動）だから

女性のみなさん、本書から得た知識で武装しましょう。そして、常に用心深く自分を隠しましょう（全部ではありません。隠すのは、女性とマイノリティという部分だけです）。

あなたのキャリアの天井の高さを測り、ガラスの天井を打ち破りましょう。でも、おそるおそる、静かに。男性には彼がやってあげたと思い込ませることもお忘れなく。

できるかぎり静かに立っているだけで、貴女は想像したよりずっと出世することができます。目標をあまり高く掲げない限りは。

I AM

Woman

HEAR ME

ROAR

Very Softly

SO AS NOT TO STARTLE ANYONE

私は女だ。
私の咆哮を聞け！
でも、咆哮する時には誰も
びっくりさせないように
柔らかに。

夢と希望

CHAPTER 1

演技し過ぎずに
就職面接に成功するコツ

昨今の厳しい就職状況において、女性が面接で自分を
売り込むには極めて注意深くふるまわなくてはなりませ
ん。気さくでありつつも、なれなれしくならないように。
有能そうに見えつつも、面接官より有能そうに見えな
いように。そして、その職場の人間関係に溶け込める
範囲内で「ありのままの自分」でいましょう。

これらのルールに従うのは難しいと感じるかもしれませ
ん。あたりまえです。実際に難しいのですから。

次の面接をバッチリ決めたい方に、いくつかコツをご紹
介しましょう。

履歴書をジェンダー・ニュートラル にしましょう

貴女の履歴書は声高に「私は女です！」と宣言していませんか？ 次のガイドラインに従って、履歴書をジェンダー・ニュートラルにしましょう。

① 名前を書かずにイニシャルだけにする。

② 職歴の要約で性別がわかるような言葉を使わない。

③ 例えば yeahboy23@gmail.comといった男性を連想させるメールアドレスを使う。

④ 自分の写真の代わりにアニメのキャラクターを使う。

⑤ 履歴書のあちこちに「ゲームチェンジャー」といった用語をちりばめる。

⑥ 箇条書きの時に男性シンボル（♂）を使う。

⑦ 肌の色で差別しない「カラーブラインド」だという印象を与えるために青いインクのみを使う。

⑧ 主語や動詞を省略した文章を使う。

⑨ 「信用照会先が必要なら男性の推薦者を紹介します」と記入する。

⑩ 男性が自慢する類のスキルを記入する。

⑪ 好きなウイスキー、スコッチウイスキー、IPAビールの一覧を記入する。

⑫ 趣味の欄に「エクストリーム・スポーツ」を付け加える。

結婚指輪はいつ着ける？

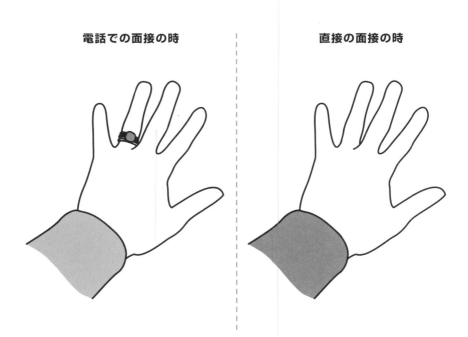

電話での面接の時

直接の面接の時

貴女が既婚者なら、面接の時、どうぞお気軽に結婚指輪を着けてください。ただし、電話面接の場合に限りますが。直に会う面接の場合には、結婚指輪は外してください。「すぐには妊娠しません」という印象を与えるのに役立ちます。職を得てからも、少なくとも一度昇進するまでは結婚していることを隠しましょう。

笑顔はどの程度見せる？

媚を売りすぎ　　　　　　　　　　　　　　　　**「怖い女」すぎ**

ちょうどよい笑顔

就職の面接の時、どの程度の笑顔を見せれば良いのでしょうか？　答え
は、「過度でないように、けれども絶対に少なすぎないように」です。
その中間の笑顔を練習しましょう。脳卒中を起こしていると間違えられ
るかもしれませんが、これが最も無難な選択です。

こういうヘアスタイルは
やめましょう

セクシーすぎる

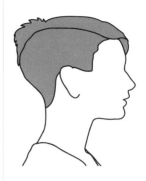

**どういう人間なのか
ちょっとよくわからない**

不精すぎる

宗教的すぎる

第一印象を最良にするために避けるべきヘアスタイルの便利な略図です。

つまんない　　　　　　　　　　年寄りくさい

黒人っぽすぎる　　　　　　　とっても黒人っぽすぎる

面接で着てはならないもの

カジュアルすぎる

目のやり場に困る

堅物すぎる

完璧

重要な面接を成功させたいのであれば、
そこで着てはならない服装のリスト

- 透けて見えるブラウス
- Vネックのブラウス
- 胸元が開いたブラウス
- ブラウス
- ボディコンのドレス
- ぶかぶかのドレス
- ミニスカート
- ショートパンツ
- ジーパン
- デニムショートパンツ
- レギンス
- デニムレギンスパンツ
- ごついジャケット
- 花柄
- 似合わない縞模様や水玉模様
- 派手な色
- 地味な色
- 露出したタトゥー
- 服の下に隠したタトゥー
- ヨガパンツ
- ぴちぴちのズボン
- 膝上ブーツ
- 膝上ソックス
- つま先が開いたハイヒール
- スニーカー
- クリスマス用マニキュア
- 政治活動のスローガンが入ったTシャツ
- ロックバンドのTシャツ
- フリンジ
- アクセサリーの着けすぎ
- アクセサリーなし
- 帽子
- スカーフ
- ボウタイ
- タンクトップ
- セーター
- タートルネック
- ボタンダウン
- ボタンアップ

話し声の音量

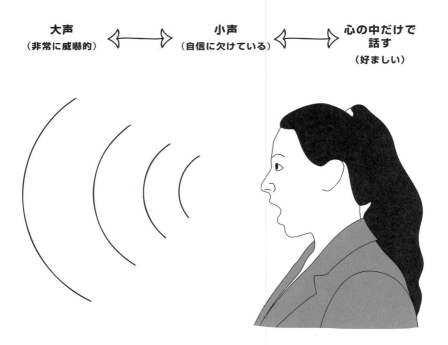

大声 （非常に威嚇的）	⟷	小声 （自信に欠けている）	⟷	心の中だけで 話す （好ましい）

面接では情熱的に語ることが重要ですが、面接官を怖がらせるような大声はいけません。小声すぎるのもいけません。とはいえ、頭の中で独り言を言うのは、いつでも差し支えありません。特に、喋りすぎないように自分を戒める場合には。

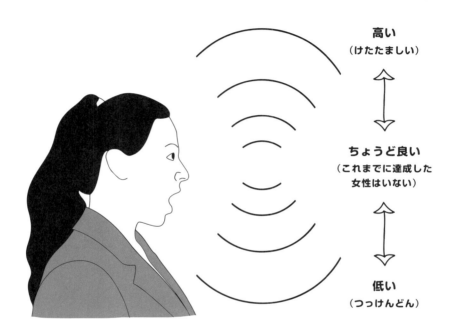

話し声の高さ

高い
（けたたましい）

ちょうど良い
（これまでに達成した
女性はいない）

低い
（つっけんどん）

話し声の高さは女性にとって非常に悩ましい問題です。生まれつき私たちの話し声は、けたたましくて耳障りか、低すぎて女らしくないかのどちらかだから（だそう）です。ですから、常に男性の耳に心地よいトーンで話すように練習しなければなりません。それどころか、これからの人生ずっと練習し続ける必要があるかもしれません。なぜなら、その完璧なトーンはいまだに発見されていないからです。

⇒ 自分の功績にする ⇐

傲慢	能力に欠けている
このプロジェクトは大成功でした。 私は最初から最後まで このプロジェクトの責任者でした。	当然のことですけれど、 私だけでなくチーム全員の努力による 成功です。

貴女の達成の数々を語る時、得意げに自慢するのと謙遜しすぎて達成したことがないように見えることの中間で、バランスを取る必要があります。これは、とても難しいことです。自分が達成したことを自分の功績にしないと採用される資格がないと思われてしまいますし、自分が達成したことをすべて自分の功績にすると傲慢に見えてしまいますから。まあ、がんばってやってみてください。

給与交渉

威圧的	自己評価が低い

給与について
話し合いたい
のでうすが、
いいですか？

はい。それで
けっこうです。

職をオファーされても給与を交渉せずに受諾してはいけません。とはい
え、交渉を口にすると要求が多い面倒な人間だと思われるかもしれませ
ん。でも、交渉しないと、自己評価が低い人間だと見なされます。そこ
で、あなたの雇用者にさぐりを入れてみましょう。その人が貴女の立場
ならどうするのか尋ねてみるのです。やっぱり、やめたほうがいいかも。
どっちにしても、勝ち目がないシチュエーションですから。

結論

新しい就職先を探す時、多くの人がバラバラのアドバイスをしてくれます。それらに耳を傾けると混乱してしまい、身動きが取れなくなってしまいます。こういう状況は避けましょう。貴女は強い女性であり、自分で決める能力を持っているのですから。とはいえ、あまりにも強くてパワフルに見えると、職を得ることができないかもしれません。成り行きに任せたほうがいいです。ですから、アドバイスは無視しましょう。でも、そのうえでアドバイスに従い、自分の頭で考えましょう。要するに完璧なバランスを取るということなのです。つまり、そんなものは存在しませんが。

練習：目標を低くする

私がよく自問することがあります。それは、期待を裏切られてがっかりしないために、自分のキャリアについての目標をどこまで下げられるかということです。
次のワークシートを使って、人生、家族、キャリアで貴女が本当に求めることを考えてみましょう。その次に、それらの目標を低く抑え、あまり期待しないですむ方法を考えましょう。

低 い 期 待

⟹ 行動プラン ⟸

私 の 夢	最 小 限 に 抑 え た 期 待
家 族	
妻を支えてくれる夫と子供1人か2人	卵子凍結できる年齢のうちに 必要な金額を貯める
人 生	
キ ャ リ ア	

ARE YOU *Overthinking* EVERYTHING? MAYBE YOU ARE *but maybe you're not?*

貴女は何でも考えすぎではありませんか？
たぶん。

でも、たぶん、
考えすぎではないかも？

コミュニケーション

CHAPTER 2

男のように語りながらも
女らしさを失わないコツ

男性中心の職場では、女性は「ボーイズクラブ」に加わらねばなりません。つまり、女ではなく男のように振る舞えということです。

けれども、女性が男性と同じことを言うと、まったく異なる意味に捉えられることがあります。泣きたくなるほどよくあることです（男性が泣くと「感性が豊か」と捉えられますが、女性が泣くと「ヒステリー」と捉えられるので要注意）。

実社会で女性が絶対に避けるべきいくつかの表現をご紹介しましょう。

有益な助言　　　　　　　不愉快な態度

ディスラプター（創造的破壊者）　　ディスラプティブ（単に破壊的）

こんな仕事ぶりでいいと思っているの?

情熱的

感情的

仕上げるのにもう少し時間が要ります

細部まで気を配っている

仕事が遅い

> このプロジェクトを率いるのは、私が適任です

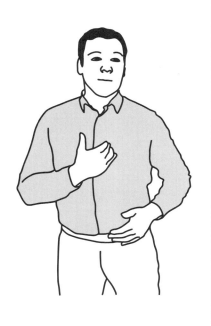

自信がある

生意気

4人、子供がいます

家族を養える給料を与えるために
昇進させてあげなければ

彼女が家族の面倒をみられなく
なってはいけないから
昇進させるわけにはいかない

明日娘を職場に連れてきてもよろしいですか?

家族を大切にしている

無責任

今作業に集中しているので、話は後でもいいですか?

仕事に集中している

怖い女

職場のバースデーパーティを企画する時間の余裕はないです

多忙

協調性に欠ける

昇給を希望します

野心がある

態度がでかい

申し訳ありません。私の失敗です

汚名返上の機会を与えてあげよう

よそで職を探してもらおう

この件について考え直しました

思慮深い

一貫性がない

貴女の言葉を他の人がどう捉えるのかは、その人の問題であって貴女の問題ではないという人はいるでしょう。それは事実です。でも、出世はすべて対人能力であるソフトスキル次第なので、つまりは貴女の問題でもあるのです。われわれ女性の場合には、ソフトスキルがソフトすぎてはならないのですが、ハードスキルに長けていれば昇進できるというわけでもないのです。

何が言いたいのかというと、私にもよくわかりません。この時点ではただ議論しているだけなのですが、それでいいのです。なぜなら、私はとても、とても心地よい口調で議論しているので。

練習：自分で**トーン・ポリシング***する

トーン・ポリシングは、人々が貴女の言い方のほうに焦点を絞ることによって、貴女が言いたいことを無効にしてしまう狡猾な方法です。これは、いつか必ず貴女に起こることなので、他人が貴女のためにやってくれる前に、自分で自分の口調を取り締まり始めるのがベストです。

次のワークシートを使って、自分の言いたいことと、言い方を一致させましょう。

＊トーン・ポリシングとは、主張した内容ではなく、声をあげた人の態度、話し方、言い方を批判して、論点をすり替える行為のこと。

自分の口調をトーン・ポリシングする

⟩ ワークシート ⟨

質問をする ● ● ささやき声で

プレゼンテーションをする ● ● 抑揚がない声で

到着が遅れることを伝える ● ● 歌うように

苦情を言う ● ● 相手を見上げて

意見を言う ● ● 申し訳なさそうに

反対の意を表明する ● ● なまめかしく

フィードバックを与える ● ● 冗談っぽく

中座させてもらう ● ● 死にそうな気分で

候補を面接する ● ● 臆病っぽく

会議の進行役を務める ● ● 沈黙

指示を与える ● ● 気弱く

進行過程に疑問を唱える ● ● 及び腰で

昇給を要求する ● ● 生ぬるく

昇進を要求する ● ● ずる賢く取り入る

早退する ● ● 甘ったるく媚びへつらう

ビジネス豆知識

職場での好ましい
コミュニケーション手段

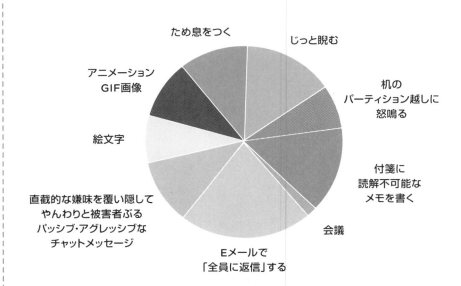

ため息をつく

じっと睨む

アニメーション
GIF画像

机の
パーティション越しに
怒鳴る

絵文字

付箋に
読解不可能な
メモを書く

直截的な嫌味を覆い隠して
やんわりと被害者ぶる
パッシブ・アグレッシブな
チャットメッセージ

会議

Eメールで
「全員に返信」する

社員が実際に
職場でやっていること

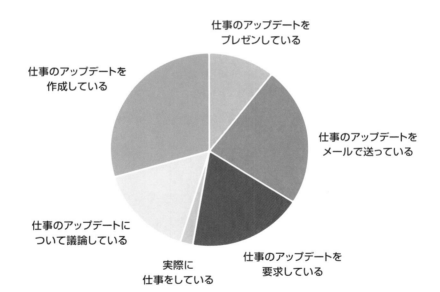

仕事のアップデートを
プレゼンしている

仕事のアップデートを
作成している

仕事のアップデートを
メールで送っている

仕事のアップデートに
ついて議論している

実際に
仕事をしている

仕事のアップデートを
要求している

THE
Louder
YOU TYPE
THE
MORE
Productive
YOU LOOK

キーボードを

うるさく
叩けば叩くほど、

仕事ができると思われる。

野心

CHAPTER 3

周囲からうっとうしがられずに 出世する方法

男性は、何年もこれといった仕事をしていないにもかかわらず、会社の中で一番の働き者であるように見せる「はったり」の技を極めています。「ちょっと、みんな、私はこんなに献身的に働いているのよ」と声を上げなくても、みんなに理解してもらえるように、貴女も同じ技を使えばいいと思うかもしれません。でも、もちろんそれを貴女がやると、キャリアを棒に振る行為になります。

極力目立たないようにしながらも認知度が上がる、さりげない11の手口をご紹介しましょう。

#1 仕事がらみのEメールが多すぎることを 愚痴りましょう

読まなきゃならない
Eメールが
500くらいあるよ。

あらそう。
私なんか
その2倍あるわ。

仕事がらみで受け取るEメールが多すぎることを、しょっちゅう愚痴り
ましょう。でも、他の人より先に一定の数を口にしてはなりません。私
はいちど未読メールが200あることを愚痴ったことがあるのですが、休
憩室にいたみんなから「たったそれだけ?」と笑われてしまいました。で
すから、まずは他の誰かが愚痴っている数を確かめ、それを2倍にしま
す。それが貴女の受け取っているメールの数なのです。

#2 仕事のスケジュールに 私用を紛れ込ませよう

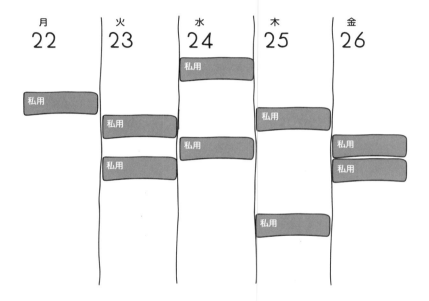

私用が混じっている貴女の仕事のカレンダーを同僚が見て、スケジュールがびっしり詰まっていると勘違いしてくれたら、貴女の忙しさに感心することでしょう。自分が知らない秘密のプロジェクトをしているのではないか？　他の会社の面接を受けているのではないか？　そう想像するかもしれません。同僚たちにとって、貴女はひっぱりだこの存在に見えてきます。そして、そんな貴女と一緒に仕事をしたくなるものです。

#3 共有アプリケーションを 常に開けたままにしよう

わあ。
サラはまだ
共有ドキュメントを
読んでいるぞ。
すごいなあ。

貴女の職場がチームの仕事でGoogle Docsあるいは同様の共有アプリ
ケーションを使っている場合には、常時それを開いたままにしましょう。
その仕事をしていない時でも、作業中に見えるようにしておくのです。
そうすると、実際にはそうでなくても、誰もがそうありたいと思ってい
る「常に働いている人」という印象を与えることができます。

Eメールを送る時には常に
「iPhoneから送信」の署名を入れよう

iPhoneから送信。
タイポがあって、
ごめんなさい

(そうでなくても、
そう入れる)

スマホからの送信ではなくても「iPhoneから送信」の署名を入れること。そうすれば、貴女はいつも出先で忙しくしているように見えますし、誤字脱字があっても許されます。

#5 **とんでもない時間に**
思い付きをシェアしよう。

週末や真夜中にEメールを送りましょう。
午前3時に会社のことを
考えている貴女の
献身ぶりが社内で
噂になることでしょう。

午前1時32分：
この進行状況はどうなってる？

午前2時50分：
わが社の組織構造について、
いくつか提案があります。

午前4時04分：
なんで、私たちは
（ここに競合の名前）が
やってることをやらないの？

#6 スマホで貴女の現在地を 頻繁に更新しよう

- 今、タクシーの中
- 空港のセキュリティチェック中
- 搭乗ゲートに到着したけれど、これからトイレに行くところ
- 今、トイレの中
- 今、手を洗っているところ
- 今、手を乾かしているところ

貴女がどこにいて何をしているのかを分刻みでみんなに知らせるのは重要なことです。インターネットの接続状況も含めて。そうすれば、チームメンバーは貴女と仕事がヴァーチャルな「へその緒」で繋がっていると感じ、チームにとって貴女が24時間いつでも必要な人物だと思いこむようになります。

#7 賢くみえるように数学用語を使おう

さりげなく賢さを感じさせる方法のひとつは職場での会話で数学用語を使うことです。使い方の例をいくつかご紹介しましょう。

指数関数的：Exponential

「私たちのチームが開発した石鹸なし手洗いアプリは大きく成長しています」の代わりにこう言ってみる
→「指数関数的に成長している」

直交の：Orthogonal

「ヴィーガンのランチメニューを導入することと、エスプレッソマシンを増やすこととは何の関係もないでしょう?」の代わりにこう言ってみる
→「それは、争点が直交してますね」

デルタ（差分）：Delta

「どちらのマーケティング提案もいいと思いますけれど、どこに違いがあるんですか?」の代わりにこう言ってみる
→「ここでのデルタは何なの?」

第3象限：Third Quadrant

「ブルームバーグに載ったうちの製品のレビューにはいいところが何もない」の代わりにこう言ってみる
→「これは第3象限のシチュエーションだね」

2値の、二元の：Binary

「100万ドルを出してくれるのか、そうでないのか、どちらかしかないでしょう?」
の代わりにこう言ってみる
→ 「いいですか、これは2値的結論ですよ」

双曲線の：Hyperbolic

「ちょっと誇張しすぎじゃありませんか?」の代わりにこう言ってみる
→ 「ちょっと双曲線的すぎませんか?」

漸近的：Asymptotic

「もう少しで黒字になりそうでならない状態がずっと続いている」
の代わりにこう言ってみる
→ 「利益が漸近的だね」

多変量（数)の：Multivariate

「これらのデザインのA／Bテストをするべきですよ」
の代わりにこう言ってみる
→ 「多変数テストをやってみよう」

外挿する：Extrapolate

「3月の数字から推定すると4月の売上は悪そうだ」の代わりにこう言ってみる
→ 「外挿すると資金をいつ使い果たすのか予測できましたよ」

空値：Null

「この四半期は貴方に給与を払うのは無理です」の代わりにこう言ってみる
→ 「貴方の給料は空値です」

#8 ラップトップコンピュータを 開いたままで歩き回ろう

ラップトップコンピュータを開いたままでオフィスを歩き回るのは、貴女が時間を無駄にしないことを職場のみんなに見せつける良い方法です。それと、忙しすぎる貴女に話しかけて邪魔してはならない雰囲気も出すことができます。

#9 Eメールを出す時には、なるべく多くの アクロニム（頭字略語）を使おう

CIL ： **Check In Later**
（今忙しいから）後でね

FWIW ： **For What It's Worth**
これはあくまで私個人の意見ですけど

LGTM ： **Looks Good To Me**
いいと思うよ

AFAIK ： **As Far As I Know**
私が知るかぎりでは

TL;DR ： **Too Long; Didn't Read**
（貴方のEメールは）
長すぎるから読まなかった

アクロニム（頭字略語）を使うことで、職場での速記の達人になったことを示せます。さらによいことに、もし貴女が使ったアクロニムを相手が知らなかった時に、上から目線で説明してあげることができます。すべての返信は、TL;DR（Too Long,Didn't Read 長すぎるから読まなかった）というサマリーから始めましょう。

#10 帰宅する時に鞄に仕事を詰め込む

仕事を終えて帰宅する時、ラップトップコンピュータ、そのあたりにある書類、付属品をなるべくたくさん鞄に詰め込みます。みんなが見ていることを確かめてからやりましょう。たとえ貴女がその鞄を翌日まで車の中に置いておくつもりでも、周囲には家に戻ってからも仕事を続けるという印象を与えるのです。

#11 不在時の自動応答は 徹底的に複雑にしよう

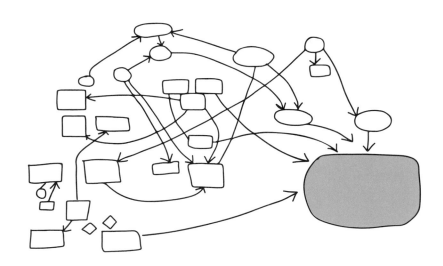

たとえ1時間でもメールに応答できない時があるのなら、「不在時自動応答」を作りましょう。そのメールには、貴女が仕事をしているそれぞれの企画に関わっている人たちも「連絡先リスト」にして含みます。貴女が現在やっている仕事すべてと、貴女が不在の時にコンタクトする人のリストの詳細を記載した文書を作っておくとさらに効果的です。

結論

貴女が死にものぐるいで働いていても、それを誰も知らなかったら、死にものぐるいで働く意味がありません。でも、知ってもらうためには、さりげなくやらねばなりません。うまくやれば、そのうち誰かが貴女の熱心な仕事ぶりを口にする時が来るでしょう。でも、その時に本当に驚いたふりをすることが重要です。まるで、考えたことがなかったかのように。女性は必死に働く必要があるし、仕事に対して情熱的に見えることも重要です。けれども、同時に「そんなにたいしたことではない」という態度も重要なのです。このような態度を続けておけば、貴女が昇進した時に、上司は実際には貴女に野心がないことを評価して報奨を与えたのですが、貴方の勤勉さに報いてやったつもりになります。貴女が野心を隠せば隠すほど、どんどん出世できるのです。

練習：インポスター症候群チェックリスト

職場で正々堂々と仕事をこなすのに臆病になってしまうこともあるかと思います。まるで自分が詐欺師になったような、芝居をしているような、能力不足のような気分になるかもしれません。ラッキーなことに、詐欺師になったような気分になるのは、正々堂々と仕事をすることの一部なのです。「インポスター症候群（imposter syndrome）」と呼ばれているこの感覚は、優秀な人たちがみんな持っているものなのです。次のチェックリストで、貴女のインポスター症候群の度合いを測ってみましょう。

インポスター症候群

次の文章で自分に当てはまるものにチェックを入れてください。

□ 私はこの成功にふさわしくない。
それほどのことはしていない。　　　　　　　　　　　　　**2点**

□ 成功って何のこと?
私はこれまでの人生で何の努力もしたことがないわ。　　　**4点**

□ 誰かが私を批判する時、
私はその人が正しいことを知っている。　　　　　　　　　**2点**

□ 誰かが私を褒める時、私はその人を殴りたくなる。　　　　**8点**

□ 私は失敗するのも成功するのも同等に恐れている。　　　　**4点**

□ 成功のための機会はすべて罠だとみなしている。　　　　　**6点**

□ 私の達成のすべては、
90%が運で、残りの10%が運である。　　　　　　　　　**8点**

30点以上
貴女のインポスター症候群は素晴らしいのですが、それを褒めて貴女から殴られたくはありません。

20〜29点
貴女のインポスター症候群はまあまあですが、素晴らしいところまで行きません。単にまあまあのレベルなのですが、それはつまり完璧なレベルってことです。

19点以下
貴女はもう少しインポスター症候群になる努力をしたほうがいいです。貴女は自分を信じすぎです。

Eメールの
解剖図

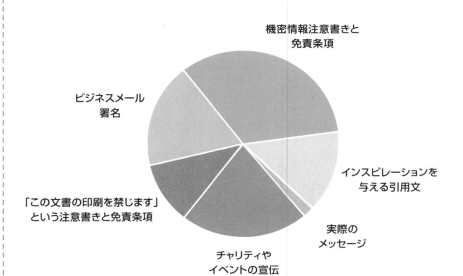

機密情報注意書きと
免責条項

ビジネスメール
署名

インスピレーションを
与える引用文

「この文書の印刷を禁じます」
という注意書きと免責条項

実際の
メッセージ

チャリティや
イベントの宣伝

他人宛のEメールを、
男性である上司の貴方にCC（共有）する理由

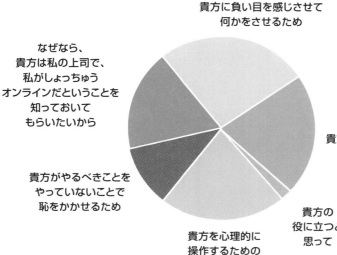

貴方に負い目を感じさせて
何かをさせるため

なぜなら、
貴方は私の上司で、
私がしょっちゅう
オンラインだということを
知っておいて
もらいたいから

後に、
貴方がこれを知っていた
という証拠として
使うため

貴方がやるべきことを
やっていないことで
恥をかかせるため

貴方の
役に立つと
思って

貴方を心理的に
操作するための
「パワームーブ」

貴女らしく、貴女がやりたいようにやろう！

「ちがいますよ」

そっちの貴女じゃなくて、
別のほうの貴女。
他の人が好ましく思っているほうの
貴女のことです。

オーセンティックであること

CHAPTER 4

AUTHENTICITY

偽りない自分のままで職場に出勤し、その自分を完璧に隠す方法

「オーセンティック」、つまり正真正銘であるということは、偽りがない貴女という人物のすべてを職場に持ち込むことです。でも、貴女が他の人と異なる部分は例外です。

オーセンティックな本物らしさについてよくある誤解は「正直であらねばならぬ」というものです。実際には、貴女のためではなく、チームと企業の公益のために必死に嘘をつかねばならないのがオーセンティックということなのです。

次は、正直であることと、オーセンティックであることの間でバランスを取るための10のアドバイスです。

年齢

正直	オーセンティック

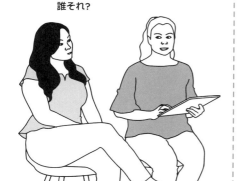

一番好きなバンドは?

パール・ジャム。

誰それ?

一番好きなバンドは?

さあ、特にないわ。
貴女の好きなバンドは?

多くの人は、自分の年齢を誇りにする心理的罠にはまりこんでいます。たとえば、自分の世代を特定するようなポップカルチャーや音楽、アート、書籍についての詳細を話題にするといったことです。若い世代から年齢差別の「エイジズム」をされないためには、話題は若造らが喋っていることだけに限定しなければなりません。特に「パール・ジャム」はヘッドフォンなしに聴いてはなりません。

家族計画

子供はもっと
産む予定なの?

実は、
今妊娠中なんです。

子供はもっと
産む予定なの?

うわ〜っ。
今はそんなこと
考えたくもないです。

子供を産むつもりでいるかどうかを同僚に話すのは危険です。貴女がも
うじき産休を取ると思ったら、同僚はすぐさま将来のプロジェクトから
貴女を外す計画を立てるでしょう。貴女の子供が少なくとも18歳になる
までは妊娠を秘密にしておきましょう。

オリエンテーション
（新人歓迎会）

正直

オーセンティック

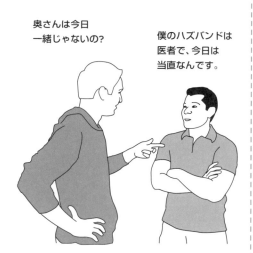

奥さんは今日
一緒じゃないの？

僕のハズバンドは
医者で、今日は
当直なんです。

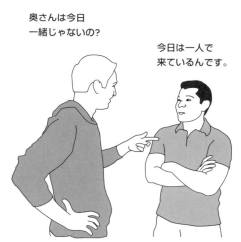

奥さんは今日
一緒じゃないの？

今日は一人で
来ているんです。

貴方とパートナーが「男と女の夫婦」という伝統的なカップルではない
場合には、貴方の同僚を気まずくしないように、あるいは相手の気まず
い質問に気まずく答えずにすむように、できるかぎり長い間表沙汰にし
ないようにしましょう。

ポリティクス
（政治的な話題）

正直	オーセンティック

みんな
リバタリアンに
なるべきだ。

まったく
同意できませんね。

みんな
リバタリアンに
なるべきだ。

なるほど。
そういう意見を
よく耳にしますね。

職場で政治について語り合うのは絶対にやってはならないと決まっているのに、それでも話したい人が必ずいます。しかも、それが貴女の給与を出す立場の人であることが。その場合、曖昧にはぐらかす返答にとどめ、後で枕に頭をうずめて大声で叫ぶことができるまでがまんしましょう。

メンタルヘルス

正直	オーセンティック

なぜ長期休暇を取るの？
素敵な場所で
バケーションとか？

ええと……。
実はうつに
なっていて……

なぜ長期休暇を取るの？
素敵な場所で
バケーションとか？

かもね〜

双極性障害やうつ、不安障害、そういったメンタルヘルスの問題が生じることがあるかもしれません。企業はもちろん貴女が抱えている問題に焦点を絞り、貴女が必要としている援助を提供します。その問題が表沙汰にならず、納期に遅れず仕事をやり遂げる限りは。

ブログ

正直	オーセンティック

貴女が書いている
ブログを
見つけたわよ。
興味深いことが
書いてあったわね。

そうなのよ。
自分が
考えていることを
公表するのって
楽しいわ。

貴女が書いている
ブログを
見つけたわよ。
興味深いことが
書いてあったわね。

あれは創作よ。
ほんとに。

貴女が余暇に何をしても貴女の勝手です。けれども、職場の誰かがそれを見つけたとたん、その自由の権利はなくなります。そうなった時のために、取り繕って誤魔化す方法をあらかじめ用意しておきましょう。それがソフトボールやカラオケなら大丈夫ですが、貴女の本性を顕にするものである場合には、解雇されかねません。

宗教

正直	オーセンティック

なんで食べないの?

ラマダンの最中だから。

なんで食べないの?

夕食たくさん食べたから。

宗教は職場では取り扱いが難しい話題です。チームの結束のためのオフ会やその他の外出で、チームの仲間とランチを食べることができない時などは特に。貴女にとって宗教が重要な意味を持つ場合には、それを同僚に教えたくなるかもしれません。でも、宗教心が邪魔をして、よいチームプレイヤーになれないと同僚に思われてはいけないので、なるべくごまかしておきましょう。

依存症

正直	オーセンティック

なんでお酒を
飲まないの?

断酒してから
8年間それを
維持しているんだ。

なんでお酒を
飲まないの?

あんまり飲む気に
なれないから。

貴女が「しらふ」を保っていることは誇りにするべきです。ただし、職場のみんなが飲んでいる時以外に限ります。みんなが飲みに行く時に置いてきぼりにはされたくないですよね。ですから、これからお酒を飲む可能性があることを示唆しておきましょう。たとえ、貴女にとっては絶対にありえないことであっても。

～ 対立 ～

| 正直 | オーセンティック |

この件について、
いつでも議論に応じます。

すべての対応策に失敗して同僚から精神的に逃げきれなくなったら、身体そのものを隠してみましょう。

自分自身に対して誠実になる

正直

私はここで
自分のプロジェクトを
したいんです。

オーセンティック

他人が要求することならなんでもやる。
それをやっているうちに、
自分がいったい何者なのか、
もうわからなくなった。

何年にもわたって自分を隠し続けると、ついには同僚たちとまったく見分けがつかないほどに変身してしまいます。ここまでたどり着くと、貴女はまったく異なる人物になっていますから、真にオーセンティックになれるのです。

結　論

オーセンティックであるということは、ありのままの貴女でいるというよりも、貴女が尊敬できる成功者をみつけて、その人になることです。そのためには、トップにいる人々の言動、衣服、考え方、感情を真似するのが最も確実な方法です。いったん貴女がそれらの人々になりきったら、他の人々も貴女のことを会社で上に昇ることができる人物だとみなすようになります。しかし、自分を隠しすぎて自分が誰だかわからなくなった時には、家族と過ごす時間を作ることで再び自分を地に堕とすことができます。

練習：**本当の自分**

貴女は、同僚からどんな人だと思われたいのですか？　職場で隠さずにすむことができたらいいのにと願うことはありますか？　次の「ビジョンボード」にそれらを加えて完成させたら、誰にも見られないようにページを破って捨てましょう。

本 当 の 自 分

本当の貴女を表現するような
雑誌の切り抜き、イラスト、引用文をここに加えましょう。
それを終えたら、永久に誰の目にもとまらないよう、
このページを破って捨てましょう。

ビジネス豆知識

承諾する時の対応

よろこんで！

断る時の対応

わかりました。

「お人好し」の多様な表情

ハッピー

退屈

怒る

怯える

落ち込む

心が壊れる

"MAKE SURE THE *World* REMEMBERS YOUR NAME"

—*Unknown*

貴女の名前が

確実に世に残るようにしよう。

—— 名無し

多
様
性

CHAPTER 5

テック業界の
多様性の実際

透明性のため（と公衆からのプレッシャーが高まっていることへの対応として）、弊社はテック業界多様性年次報告書を公開し、非常に幅広く異なるタイプの男性を雇用したことにより収益を上げたことを発表いたします。

従業員の多様性

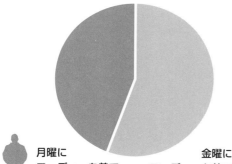

月曜に
フーディーを着て
出社する社員
42%

金曜に
フーディーを着て
出社する社員
58%

弊社では月曜にフーディー
（フードつきスウェットシャ
ツ）を着る社員と金曜に着る
社員がいますが、そのどち
らも平等に受け入れており
ます。

- -

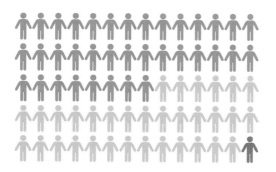

弊社では、なるべく広範囲
の卒業年度のスタンフォード
大学卒業生を雇用すること
で多様性を実現しています。

2010年
スタンフォード大学卒業
50%

2011年
スタンフォード大学卒業
48%

その他
2%

雇用基準

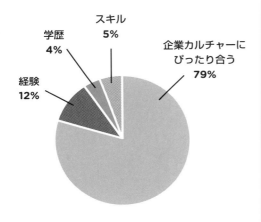

学歴
4%

スキル
5%

経験
12%

企業カルチャーに
ぴったり合う
79%

社員を雇用する時には、学歴、経験、スキルといった数多くの要因を検討します。しかし、その中で最も重要なのは、現存する職場のカルチャーに候補者がとけこめることです。そのために弊社では同じタイプの者ばかり雇用するという説がありますが、どうなのでしょうね?

最高幹部

テスラを持っている
35%

テスラを買いたい
85%

テスラについて
よく話す
99%

テスラに投資した
0.034%

本人がテスラ
15%

最高幹部のレベルにも多様性があります。多くの会社では幹部のレベルになると多様性がなくなってくるものですが、弊社ではこのような多様性があります。

❧ 役職別

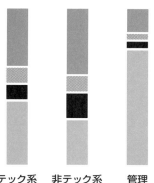

テック系
職種

非テック系
職種

管理
部門

役割別でもわが社は多様性を保っています。クラフトビール（地ビール）が好き、大好き、とっても好き、自分でクラフトビールを作っている人たちで構成されているのです。

■ クラフトビールが好き
▨ クラフトビールが大好き
■ クラフトビールがとっても大好き
■ クラフトビールを自分で作っている

❧ 認識

**多様性の問題は
すでに解決したと
信じている職員
72%**

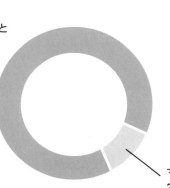

**マイノリティの職員
28%**

こと多様性の問題になると、現実と同じくらい人の受け止め方が重要になります。ゆえに、弊社の多様性の問題はほぼ解決したとほとんどの人が感じているということは励みになります。

給与

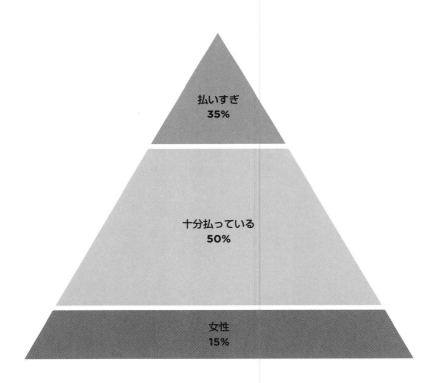

弊社の社員全員が同一労働同一賃金を得ることは重要です。そのコミットメントは、全社を通じて給与の分布に反映しています。

インクルージョン（多様性の受け入れ）

企業スポーツ部
20%

飲み会
20%

別の
スポーツ部
20%

さらに飲み会
20%

さらに別の
スポーツ部
20%

さらに別の
飲み会20%

弊社の社員は、多様性がある企業カルチャーをさらに豊かにするために、幅広いチームの結束をうながす研修を謳歌しています。

セクシズム（性差別）

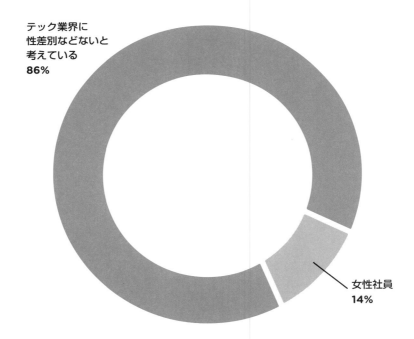

テック業界に
性差別などないと
考えている
86%

女性社員
14%

女性差別は、テック業界の大きな問題です。けれども、日常生活でその差別を経験したことがない人が大部分だというのは非常に励みになります。

弊社の多様性審議会のメンバー

弊社は引き続き多様性を最優先の問題として取り組んでいく所存であり、それを率先し、実施を促すための多様性審議会を作りました。

結 論

この多様性報告書の作成に費やした３ヶ月で、ここまで達成できたことは感無量です。お読みになればわかるように多くの進歩を遂げましたが、まだ長い道のりが待っています。とはいえ、次の報告書を作成する時にはたどり着いていることでしょう。

練習：無意識の偏見

私たちは誰でもさまざまな形で無意識の偏見を持つものです。名前ひとつをとっても、男性の多くがそれだけで勝手に決めつけられていることをご存知ですか？　次のワークシートで、貴女の無意識の偏見をテストしてみましょう。それぞれの名前から、どんな人物だと思うのかを書いてみてください。

無 意 識 の 偏 見

ジョー

ドナルド

バラク

ジョージ

ビル

ショウヘイ

イチロー

ハヤオ

ユズル

ルイ

ハルキ

カズオ

貴女がミスをしない人
だとしたら、
それはやり方が
おかしいのです。
ということは、
貴女はミスをしているということであり、
つまり貴女は
ちゃんとやっているということになります。
（しらんけど）

リーダーシップ

CHAPTER 6

男性を脅かさずにできる女性向けリーダーシップ戦略

ペースが速いビジネスの世界において、リーダーの立場にある女性は押しが強いとかアグレッシブだとか、ましてや能力があると見られないように気をつけなければなりません。そのひとつの方法は、男性の脆弱な自尊心を傷つけないように、貴女のリーダーシップのスタイルを変えることです。でも、男性はパワフルな女性に対して怯えたりせず、そのまま受け入れるべきですよね。もちろんそうです。だけど、それって過剰な要求かも。求めすぎ？　……ちょっと待って、なんで求めすぎだって思わなくちゃいけないわけ!?（怒）す、すみません。一瞬頭にきて「怖い女」になってしまいました。気をつけます。とにかく、次にご紹介するのは、男性を脅かさずにできる12の女性向けリーダーシップ戦略です。

納期を設定する

怖い女	怖くない女

月曜日までに
仕上げなさいね。

月曜日までに仕上げる
という案について、
貴方はどう思う?

男性の同僚に対してある納期までに仕事を仕上げるよう頼むよりも、仕事を仕上げる納期について彼がどう考えているのか尋ねましょう。そうすれば、彼は貴女に命じられたとあまり感じませんし、どちらかというと、貴女が彼の意見を尊重していると思うことでしょう。

意見を述べる時

怖い女	怖くない女
私にいい考えがあります。	ただ声に出して 考えているだけだけど……

貴女が意見を発言する時、自信過剰になるのは致命的です。男性の同僚たちに「生意気だ」と思われたくはないでしょう？　そのかわりに、「声に出して考えているだけだけれど」とか「思いついたことをちょっと言ってみるだけ」、あるいは「ばかげたこと」「思いつき」「クレイジーな案」を口にしているだけといった感じで、貴女の意見を軽く扱うのです。

依頼のEメールを送る時

怖い女	怖くない女

プレゼン資料ができたら
送って。

ハイ、ジェイク😊😊
プレゼン資料ができたら、
ちょっと見させて
もらってもいい?
ありがと!!!😊😊😊

明瞭すぎてそっけないとか無遠慮だとか思われないために、Eメールに
感嘆符や絵文字をちりばめましょう。コミュニケーションの効率が悪い
貴女は、近寄りやすい存在だと思ってもらえます。

貴女のアイディアを盗まれた時

怖い女

それって、私がさっき言ったこと
そのものじゃないの。

怖くない女

私が言ったことを
明瞭に説明してくれてありがとう。

会議の席で、男性の同僚が貴女のアイディアを盗んだ時には、お礼を言いましょう。
貴女のアイディアを明瞭に説明してくれたことを称賛するのです。正直言って、彼が
貴女の言ったことを繰り返さなかったら、誰も耳を傾けてくれなかったでしょうから。

女性差別的な発言に対して

怖い女

その発言は不適切ですし、
受け入れがたいです。

怖くない女

（気まずい笑い）

女性差別的な発言を耳にした時には、気まずそうに笑うのがコツです。自宅で友人
や家族と一緒に、あるいは鏡に映った自分を相手に気まずい笑いを練習しましょう。
心が死にそうになっていても、表面では嬉しそうに聞こえるように気をつけましょう。

すでに知っていることを 説明される時

怖い女	怖くない女

6ヶ月前に
それを教えてあげたのは私よ。

貴方の説明を
ぜひきいてみたいわ。

男性は他人に説明するのが大好きです。貴女がすでに知っていることでも説明しようとします。「もう知っているわよ」とつい言いたくなってしまいますが、その代わりに、何度も繰り返し説明させてあげましょう。役立っている気分にさせてあげることができますし、彼が説明している間に、今後その人を避ける方法を考えることができます。

ミ ス を み つ け た 時

怖い女	怖くない女

ごめんなさい。
この数字正しいのかしら?
私、数字が苦手だから
100%確信しているわけじゃ
ないのだけれど。
もう一度確認してくれる?

この数字
間違っているわよ。

男性のミスを指摘するのはいつも危険が伴います。ですから、いつもミ
スに気づいたことを謝り、貴女がその間違いを確信していると誰にも思
われないことが大切です。「私なんかにわかることじゃありませんけど」
という貴女の思いやりあるアプローチをありがたく思ってくれることで
しょう。

昇進を求める時

怖い女	怖くない女

昇進を検討して
いただきたいです。

アリソンの昇進を
考えてもいいと
思うんですよね。

上司に昇進を考慮してくれるように求めると、上昇志向が強くて、日和見主義で、露骨だと思われかねません。そのかわりに、男性の同僚に後押ししてもらうよう頼みましょう。貴女自身はそのポジションにつきたくないのだけれど、実際には適任者だということを同僚から上司に話してもらうのです。このほうが、実際に昇進する可能性が高いです。

無視された時

怖い女	怖くない女

すみません。
自己紹介して
いいですか?

こんにちは。😊😊
自己紹介する機会が
なかったのですが、
先ほどの会議で
同席した者です!!!
😊😊😊

会議の最初に全員がちゃんと紹介されない時があります。たとえ、貴女が紹介されないことがしょっちゅうであっても、むきにならないようにしましょう。ましてや、会議をさえぎって自己紹介するようなことはしてはなりません。会議が終わった後で簡単な挨拶のメールを送るのは、態度がでかすぎると思われずして自分を紹介する最良の方法です。

途中でさえぎられた時

怖い女	怖くない女

最後まで
話させてくれる?

....
......

話している途中でさえぎられた時、そのまま話し続けるか、最後まで話させてくれるように言いたくなるかもしれません。でもそこは入り込んだら危険な領域です。その代わりに、ただ黙ってしまいましょう。男性からすんなりと受け入れてもらえる方法は沈黙なのです。

コラボレーション
（同僚との協働）

怖い女	怖くない女

ふつうにキーボードを叩く。

指を1本だけ使ってキーボードを叩く。

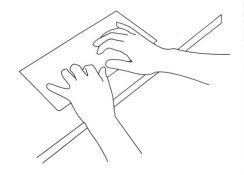

男性と協力して働く時、指を１本だけ使ってキーボードを叩きましょう。（女性の）スキルとスピードは（男性にとって）非常に不愉快なものなのです。

意見に反対する時

怖い女	怖くない女

その戦略では
問題は解決しないわよ。

するよ。

その戦略では
問題は解決しないね。

うん、わかった。

すべての方法でうまくいかなかった時には、男みたいだと思ってもらえ
るように口髭をつけましょう。これによって、貴女はリーダーシップの
スタイルを変える必要がなくなります。そればかりか、即座に昇進する
かもしれません！

結　論

これまでに多くの女性が「怖くない女」的リーダーシップの隠れたパ
ワーを見出しています。「隠れたパワー」と呼ぶのは、実際に誰ひと
りとしてそれを知らないからです。誰も脅かさず、おじけづかせない
ように、私たちはこのパワーを自分たちの中に隠しているのです。だ
からこそ私たちは企業における真の「名もなき英雄（縁の下の力持ち）」
なのです。

練習：どう言うべきだったか

仕事をしている上で、女性としてあるまじき威嚇的なふるまいをしてし
まったことは誰にでもあることでしょう。その時のことを思い出し、代わ
りにどう言うべきだったかを考えてみましょう。

どう言うべきだったか

> ワークシート

私が実際に言ったこと	どう言うべきだったか
いや、自分ひとりでプレゼンできますから。	貴方に手伝っていただけたらとっても嬉しいです。私よりずっとよくご存知ですから。

休憩

男たちがマンスプレイニングしている間に

落書きをするためのページ

男性が話している時には、最後まで話させてやりましょう。

そうです。
貴女がすでに聞いたことがあることでも、
話題に全然関係ないことを喋っていても、
誰も聞いていないのが明らかでも、
自分で理解していないことを解説していても、
20分前に言った意見を別の言葉の組み合わせで何度もくどくど説明し続けていても。

この試練の時をやりすごすために、
落書き用のページをご利用ください。

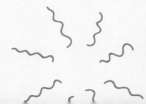

WHATEVER YOU DO

Do it

with

Passion

OR WHATEVER

何をやるにせよ、
情熱をもってやろう。

しらんけど。

ネゴシエーション

CHAPTER 7

初心者向け
ガスライティング

「ガスライティング*」とは、誰かが貴女はクレイジーだと思い込ませ、最終的に貴女が混乱して自分自身のことがわからなくなってしまった時に言いなりにさせるというネゴシエーションの手法のひとつです。酷い扱いを受けたのに、貴女はきっとそれにすら気づいていないことでしょう。え？ 気づいていたって？ ほんとですか？ 貴女、自分が何を言っているのかわかってますか？ ほら、またひっかかったでしょ？ ここでご紹介する最高機密の作戦ノートは、男性社員全員が就職時に受け取るものです。彼らがどのようにしてこの戦術を使うのかその内部情報を知り、いつか機会ができた時に自分が優位に立てるようにそれらを利用しましょう。

*ガスライティング：映画／演劇『ガス燈 (Gaslight)』にちなんだ言葉。妻の財産を狙う夫が妻を孤立させ、そのうえで詳細な小細工を施して妻が自分自身の認識を疑うように仕向け、それと同時に周囲の人々に妻が精神を病んでいるように見せかけるというプロット。相手が認識能力を失うように仕向けるこの心理操作の手法が後に「ガスライティング」と呼ばれるようになった。

答えにくい質問をされたら、それとなく関連している答えやすい回答で逃げる

ユーザーがわが社の製品をどれほど利用しているか、どうやって測るつもり？

スプレッドシートを使うに決まってるだろ。

答えになっていない答えを、極めて上から目線の口調で伝えること。それによって、同僚は自分がとても馬鹿げた質問をしたような気になり、それ以上の質問をするのをためらうようになる。

その話題についてよく知らない時には、それは重要なことではないとはねつける

KPI（重要業績評価指標）を
識別する必要があると思います。

そんなことを心配する
必要はないよ。

自分が何かについて無知であることを認めるより、現在の議論には無関係だと言い返してやる。たとえ議論に直結したことであっても。

意図的に曖昧な指示を与え、後で相手がちゃんと理解していないことを責める

数字を照合しな。

合計を出せってこと？

違うよ。照合だ。

まったく、へましやがって。

曖昧で、順番がめちゃくちゃで、従うことが不可能な指示を与える。そして、問い正されても決して明確にしないこと。同僚が必然的に失敗をおかしたら、理解していないその人が悪いと責めよう。

同僚が話しかけてきた時にはスマホの画面をながめる

女性の同僚が話しかけてきたら、スマホを取り出してネットサーフィンを始めること。時々笑い出すのもいいかもしれない。これによって、同僚は自分が話していることはそんなに重要ではないと感じるようになる。

かまわず話していて。僕はマルチタスキングできるから。

同僚が何か苦情を言った時には、
他にもっと言うべき苦情があると指摘する

四半期の企画セッションは
効果をあげていないと思って
心配しているの。

そんなことより
君が気にしなければならないのは
毎週の「ウィークリーレビュー」だよ。

女性同僚が何かについて苦情を言ったら、まったく関係ない別のことを
挙げてそっちのほうを気にするべきだと言ってやる。そして、その同僚
が心配していたことが実際に問題になった時には、なぜもっと早く言わ
なかったのかと責める。

質問に答えられない時には、すでに回答済みだとかわす

ここでの
コンテンツの戦略は
何なの?

それについては
回答済みのはずだから、
先に進もう。

同僚に自分の頭がおかしいのではないかと思わせる最も簡単な方法のひとつは、その人が何ひとつ新しい意見を提供していないかのように振る舞い、何を言っても既に話し合い済みだと答えること。

その人が言ったのとは まったく異なる意味になるよう言い直してやる

オンボーディング（新入りのための
講習会や勉強会）の流れを
逆にしたりしたら、
購読者を失うことになるわよ。

つまり君は
オンボーディングの流れを
逆にしろと言っているんだね。

同僚が言ったことを別の言葉で言い直してやる。ただし、まったく別の
意味になるように。そうすれば、同僚は自分には明確なコミュニケーショ
ンを取る能力がないと感じる。もし相手が間違いを正そうとしてきたら、
コミュニケーション講習会を受講するよう薦めてやる。

誰かが良いアイディアを話してくれたら、
それはクレイジーな考えだというふりをし、
後でそれを自分の案として提案する

わが社の
広告システムを
デザインし直す
べきだと思う。

そんなの
正気の沙汰ではないよ。
時間がかかりすぎて
しまう。

わが社の広告システムを
デザインし直すといいのでは
ないでしょうか。

内輪で話している時に聞いた他人のアイディアは「馬鹿げている」とか「複雑すぎる」と言って常にはねつけること。そして、その後で同じアイディアを自分のものとして会議で提案しよう。もしアイディアを教えてくれた者が詰め寄ってきたら、何を言っているのかわからないふりをして、コミュニケーション講習会を受講するよう薦めてやろう。

同僚のアイディアを抹殺し、そのために企画が失敗したら、なぜその案を試さなかったのか問い正す

このアイディアを
試そうと
思っています。

そんなの
うまくいかないよ。
やめなさい。

あのアイディアを
やっておくべきだったのに、
なんでやらなかったの?

他人のアイディアを撃ち落とすことの鍵は、そのアイディアを撃ち落と
したのが自分であることを完璧に忘れてしまうこと。実行しなかった同
僚に100%責任があるかのように、アイディアを試しておけばよかった
のにと指摘しよう。もし同僚がアイディアを撃ち落としたのは貴方だと
思い出させようとしたら、自分がそれほど信じていることだったら、誰
が何を言おうとやり通すべきだったと答えてやる。

同僚の意見に同意しない時には、
単に誰もそんな意見は持たないと伝える

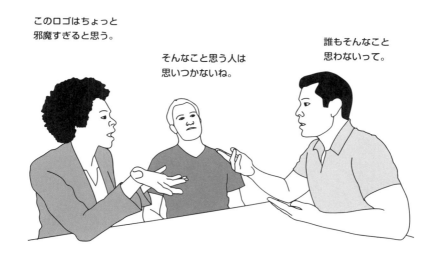

このロゴはちょっと
邪魔すぎると思う。

そんなこと思う人は
思いつかないね。

誰もそんなこと
思わないって。

同意できない意見を女性の同僚が口にしたら、そんなことは誰も思わな
いと否定する。逆に、もし同僚が貴方の意見に反論したら、みんな自分
と同じ意見だと言おう。たった一人の意見で全体がふりまわされては迷
惑だと指摘してやる（その一人があなたの場合は別）。

結 論

ガスライティングをされた時に心がけなければならないことは、ムダな抵抗をしないことです。そのほうがさっさと自分がクレイジーだと受け入れられるし、他人から頭がおかしいと思われずにすみます。いつかきっと、自分の頭はおかしくなかったと気づく時が来ます。その時が来たら、貴女の質問はもっともだったし、会議に同席した者全員が貴女と同じくらい混乱していたことを指摘できます。でも指摘する方法は、無記名のグリーティングカードを送るとか、ガスライティングをした奴のベーグルにクリームチーズでメッセージを書き込むとか、控えめに。

練習：ガスライティング防御術

ガスライティングをされている最中に、自己肯定的な見解が頭に浮かんでくるかもしれません。これらの見解が貴女の正気を支えてくれるでしょう。けれども、周囲から「怖い女」だと思われる危険があるので、ぜったいに声に出して自己肯定してはいけません。貴女がガスライティングを黙って受け入れられるようになるために、次のワークシートで貴女の考えに別の考えを付け加えましょう。

ガ ス ラ イ テ ィ ン グ 防 御 術

ワークシート

私の意見はまっとうである。でも自分の中にしまっておこう。

私はこの質問をする権利がある。でも、あとで別の人にたずねよう。

私の頭はおかしくない。でも、発言し続けていたらそう思われかねない。

こう感じているのは私だけではない。でも、もうどうでもいいや。

理にかなっていない。

私はちゃんと理解したうえで話している。

みな、私の意見に耳を傾けるべきだ。

私の記憶が正しいことは知っている。

外国語を話しているわけじゃない。

彼が私の言ったことを聞いていたことはわかっている。

私のほうが正しいことは知っている。

私は知識をもってやっている。

私がさっきちゃんと答えを言ったのに。

このやり方は間違っている。

私が言っていることは論理的だ。

ネットワーキングイベントで
100％サバイバルできるコツは……

行かへんかったらええやん。

ハラスメント

CHAPTER **8**

加害者のキャリアを傷つけないよう、上手にセクシャル・ハラスメントを受ける方法

職場におけるセクシャル・ハラスメントは深刻な違反であり、容認されてはなりません。ただし加害者が冗談を言っているのが明らかな場合は別であり、軽く受け流すべきです。

ちょっとした冗談や褒め言葉、フレンドリーなタッチを責められたり、あら探しされたりする職場は雰囲気が悪くなります。職場がそんな環境にならないためにセクシャル・ハラスメントを報告せずにすむ方法をいくつかご提案しましょう。これは、貴女自身と会社を不要な苦痛から守るためでもありますが、何よりも加害者のキャリアを守るためです。

ハラスメントの悪循環を理解する

一度でもハラスメントを受けたらもうじゅうぶんだと思う人もいることでしょう。でも、現実的に言えば、それではこの業界は成り立たないのです。ですから、何か行動を起こすことを考える前に、少なくとも数回はハラスメントの悪循環を経験しておきましょう。

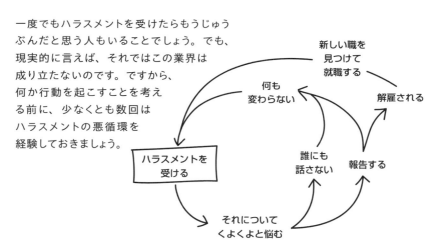

ハラスメントの アカウンタビリティ（説明責任）は 誰にあるのかを知っておくこと

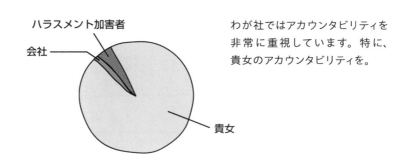

ハラスメント加害者

会社

貴女

わが社ではアカウンタビリティを非常に重視しています。特に、貴女のアカウンタビリティを。

∞ わが身を守ろう ∞

職場での安全な場所とそうでない場所を熟知することでハラスメントからわが身を守りましょう。

自分の机
自分の机にあまり長く座っていると、不愉快なメールをたくさん送ってくる同僚がいるかもしれません。

プリンター
誰の机からも見えるプリンターをスタンディングデスクとして使用してはどうでしょう？　そうすれば、いつでも目撃者がいますから。

休憩室
ここで誰かに追い詰められて袋の鼠にならないよう、休憩室には長居しないようにしましょう。

会議室
大きな会議室で体験するハラスメントは、ありがたいことにたいていは「マイクロアグレッション（無意識の差別）」程度です。

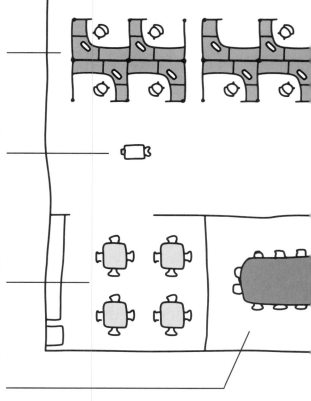

トイレ

一番奥の個室は、同僚から隠れて泣くためには安全な場所です。

社外での
チームの結束の
ためのイベント

社外でチームの結束をはかるのは、チームのメンバーが一緒に酒を飲みながら繰り返しハラスメントを与えたり受けたりすることでチームの絆を作っていく素晴らしいイベントです。

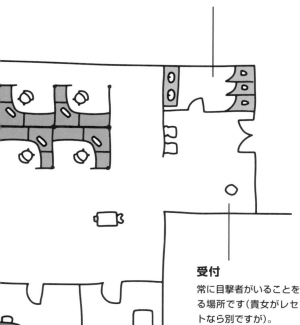

受付

常に目撃者がいることをあてにできる場所です（貴女がレセプショニストなら別ですが）。

備品室

備品室でケニーと2人きりになっては絶対にいけません。彼は「トイレが詰まったから通水カップを探しに来た」とか言い訳するでしょうが、ここにはトイレの掃除用品なんかないし、そもそも彼はもうこの会社では働いていないはずです。

ハラスメント・サバイバル応急対応セット

セクシャル・ハラスメントは日常茶飯事です。そこで、前もって準備しておくと便利な応急対応の要点を早見表にしました。

じっと見つめられたら

ハラスメント加害者から執拗に見つめられることがあったら、睨み返して「にらめっこ」のお遊びにしてしまいましょう。そして、さっさと相手に勝たせ、そのすきに逃げましょう。

頬を触られたら

いやらしい感じで頬を触ってくる男性がいるかもしれません。最も良い対応は、笑いながら頭を後ろに素早く引くことです。でも、むち打ち症にならないよう気をつけましょう。

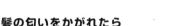

髪の匂いをかがれたら

貴女の許可なく髪を触られたり、匂いをかがれたりした時には、笑いながら首を横にふり、その人を優しくはねのけましょう。

首と肩

頼んでもいないのに首と肩をマッサージされてきたら？
肩をすくめて「先週マッサージに行ったばかりですから」と言いながら身体を引き離しましょう。

肘をつかまれたら

貴女の肘を掴んでどこかに連れて行こうとする人がいたら、スマホを取り出しましょう。そうすれば、掴まれている肘をはずす言い訳ができますから。

手を握られたら

もし誰かに手を握られたら、「私、手に汗かいちゃうタイプだから」と笑いながら手を引き離しましょう。

背中を撫でられたら

背中を撫でられたら、笑いながら身体をひねって離れましょう。

ウエストを両手で掴まれたら

ウエストを両手で掴まれた時には、ダンスのステップを教えているようなふりをしながら、身をひねって離れましょう。

お尻を撫でられたら

笑いながら、時には「なにやってるんですか〜」と大声で言いながら手をはねのけ、今後ぜったいにこの人物と2人きりにならないよう肝に銘じましょう。

膝を触られたら

膝を触られた時には、他の会議に出席しなければならないことを急に思い出して、さっさとその場を去りましょう。

密着してくる人がいたら

密着してくる人がいたら、おおいに咳込み、「風邪か何かにかかったみたい」と言いましょう。笑いながら。

テーブルの下で足を触られたら

会議室のテーブルの下で、自分の足を使って貴女の足に触ってくる人がいたら、「新しい靴が足にあわなくて痛いわ」と言い訳しながら足の位置を変えましょう。

業績が良い男性から
セクシャル・ハラスメントを受けないこと

彼はとても仕事ができる人だから、
私たちにできることは
ありませんね。

会社の時間とお金を節約するひとつの方法は、業績が良い、あるいは高く評価されている社員からハラスメントを受けないことです。あるいは、貴女がハラスメントを快く承諾すること。そもそも、ハラスメントを受ける前に、会社の立場を考えてみてください。

業務成績とハラスメントの頻度は 正比例の関係にある

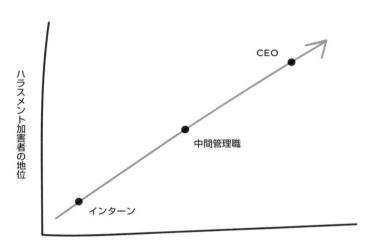

見過ごしてもらえるハラスメントの深刻さレベル

ハラスメントが「あったかもしれない」とかろうじて考慮してもらえる ためには、ハラスメントの内容が深刻でなければなりません。加害者の 地位が高ければ高いほど、なおさらそうです。それでも、加害者にセク ハラを許したのは貴女だと言われるでしょう。

∞ 何が本当のハラスメントなのか? ∞

多くの場合、私たちがハラスメントを受けたと思っていても、実際には
そうではないことがあります。ハラスメントとハラスメントではない例
をご紹介しましょう。

ハラスメント	ハラスメントではない
貴女が望んでいない接触	貴女が望んでいない接触だけれども、特に害はないし、貴女を助けてあげているつもりである
性的で不愉快なニックネーム	不愉快なニックネームだけれど間違ってはいない。あるいは他の人にとって笑えるギャグである
じろじろと長く見つめる	じろじろ見ているのは貴女が着ているブラウスが目立つからかも
きわどい内容のメール	きわどい内容のメールだけれど、最後に笑顔の絵文字がついている

ハラスメント	ハラスメントではない
同僚の女性をストリッパーに例える	言われている本人に聞こえないように小声で彼女をストリッパー呼ばわりする
同僚の女性について噂を広める	どうせすぐにやめる同僚の女性についての噂を広める
何度断ってもデートに誘う	何度もデートに誘ってくるのは、貴女の断り方が優しすぎるから
身体や服についていやらしいコメントをする	貴女の身体や服についていやらしいコメントをするけれど、その後で自分の身体や服について貴女のいやらしいコメントを要求するのだから平等
身体のとある部分を露出する	身体のとある部分が露出してしまったのは「偶然」
貴女を昇級させる条件として性交渉などを要求する	貴女を昇級させる条件として性交渉などを要求した人がメンターの場合

証拠を集める。
そして、自分だけのものとして
しまっておく

目撃者
会話を耳にした証人
他の被害者

動画
音声
メール

写真のスクリーンショット
会話の録音

メッセージ
証拠文書
スプレッドシート
宣誓供述書

貴女がセクシャル・ハラスメントを受けたと確信しているのなら、できる限り多くの証拠を集めること。そのうえで、自分だけのものとしてしまっておくことです。もし他人に見せるなら、こっそり内密に。しかしながら、セクシャル・ハラスメントの証拠を貴女が集めているという証拠をわが社が見つけた場合には、証拠を集めたことに対して貴女を懲戒処分にすることをお忘れなく。

セクシャル・ハラスメントの報告を 会社にした場合、 その結果としてもたらされる変化に対して フレキシブルであろう

いったんセクシャル・ハラスメントを報告したら、地位、デスクの位置、オフィス、関わっている企画、チーム、会社、そして／あるいはキャリアそのものを変えることになるかもしれないので、それをフレキシブルに受け入れましょう。

結 論

ことセクシャル・ハラスメントに関しては、「正しいことをする」の
と「クールに受け流す」の2つの選択肢がある場合には、必ず「クール
に受け流す」を選びましょう。貴女個人の身の安全は棚上げにして、
社内の環境をもっと楽しくする方法はないものか自問してみましょ
う。最終的に、セクシャル・ハラスメントを報告するのであれば、加
害者のやったことすべてに貴女が責任を負う覚悟をしましょう。でも
これは「被害者叩き」にはなりません。なぜなら貴女は「被害者」では
なく「サバイバー」だからです。つまり、「サバイバー叩き」というこ
とです。

練習：セクシャル・ハラスメントの記録

貴女がセクシャル・ハラスメントを受けた経緯を記録するのは間違ったこ
とではありません。加害者と会社が不正行為の追及から逃れられるような
内容である限りは。次の練習帳を使って貴女が受けたセクシャル・ハラス
メントを記録し、それをただの冗談、悪気がないおふざけ、たわごととし
て分類する練習をしましょう。どうせ、同類のたわごとの言い訳をされる
のですから。

── セクシャル・ハラスメント ──

> 記録

何が起こったのか その出来事を説明し、 その後で「ただの冗談」、「悪気がないおふざけ」、 「たわごと」、その他に加害者や会社が使った 言い訳で分類しましょう。	ただの冗談	悪気がないおふざけ	たわごと

勤務評価用語の意味／早見表

努力家：何も最後までやり遂げない

陽気で前向き：もしかしたらドラッグをやっているのかもしれない

よくコミュニケーションを取っている：私にメールをたくさん送ってくるのはやめてくれ

創造的な問題解決をする：自分で問題をどんどん作る

協力的：自分の仕事を他人にさせる

結果主義：何かあったら誰かの責任にして逃げる

タイムマネジメントのスキルが優れている：会議の時間を使ってメールをチェックする

情熱的：いつも私の言葉をさえぎる

細部にこだわる：仕事の全体像をまったく理解していない

時間厳守：毎日午後5時に退社する

「会議の議題」のほんとうのところ

2:00 PM	誰も来ていない
2:02 PM	誰かやって来るが、誰も来ていないので去る
2:06 PM	「重要な人物」以外の全員が到着
2:07 PM	重要な人物が到着し、遅くなったことを詫びてから「議題がない」ことに文句をつける
2:08 – 2:15 PM	コンピュータでのプレゼンのシステムを作動させようと試みる
2:16 – 2:17 PM	電話を使ってリモートで出席した人に電話をミュートにするようお願いする
2:18 – 2:27 PM	この会議の意図を理解しようと試みる
2:28 PM	遅れてやって来た人が「僕が聞き逃した部分は?」と尋ねる
2:29 PM	重要な人物が何の説明もせずに会議室を去る
2:30 PM	会議終了。誰かがフォローアップの会議を提案する

EVERYONE HAS THEIR OWN PATH

Never Compare

YOURSELF TO OTHERS WHO ARE

Younger, Better Looking

Richer, Smarter

AND MORE

AWESOME THAN YOU

人にはそれぞれ独自の生き方があります。
他人と比べるのはやめましょう。
その人が、

自分より若くて、
美しくて、
金持ちで、
優秀で、

あなたよりずっと素晴らしい場合には。

成功

CHAPTER 9

〰

独自の冒険を選ぼう

貴女は、他人から好かれたいのですか? それとも成功したいのですか?

『Dare Mighty Things(あえて壮大なことに挑戦しよう)』という本の中で、作者のヘイリー・グレイ・スコットは「成功するためには人に好かれなければなりません。けれども人に好かれるためには貴女の成功を控えめにする必要があります」と女性リーダーが置かれている矛盾した状況のジレンマを明らかにしています。

この章では、さまざまな状況を通して貴女が選びがちな選択を知ることで、結果的に貴女が成功するのか、人に好かれるのかを見極めることができます。残念なことですが、両方は不可能なので。一生に一度の冒険(というより、たぶん2分程度で終わると思いますが)に、出発する準備はできましたか? さあ、始めましょう!

チームリーダーのポジションに空席ができました。あなたは……

A：上司のところに行き、自分をそのポジションの候補にしてくれるようお願いする。

B：本当はそのポジションにつきたいのに、興味がないふりをする。

→ p142に進む

→ p143に進む

独自の冒険を選ぼう——貴女は、他人から好かれたいのですか？　それとも成功したいのですか？

上司は、貴女が昇進することはたぶん無理だけれど応募してみればいいと言う。貴女は……

A：多くの人から推薦の手紙を集め、まったく隙がない長文の自己評価を書く。

B：応募の準備を始めるが、どうせ無理だからと思い、途中で諦めてしまう。

→ p144に進む

→ p143に進む

ジムがチームリーダーのポジションを得て、
貴女の上司になった。
ジムはしょっちゅう貴女のアドバイスを求める。
貴女は……

A：役立つ素晴らしいアドバイスをジムに与え、彼の不備をできるかぎり補ってやる。

B：絶対に助けない。

→ p145に進む

→ p146に進む

なんと貴女はポジションを得て昇進しました！
でも、貴女のチームのメンバーは
それを不満に思っています。
貴女は……

A：文句を言わずに受け入れ
ろと言い渡す。

B：名前だけの肩書であり実
際はそんなに権威はない
のだというふりをする。

→ p147に進む

→ p149 Aに進む

その仕事に対する報酬はないのに、
貴女は実質的にジムの仕事を
全部やるようになってしまいました。
貴女は……

A：今の地位よりも低くなる
けれど、別のチームに異
動する。

B：ジムのそのまた上の上司
のところに行って苦情を
言う。

→ **p149 Aに進む**

→ **p148に進む**

ジムが仕事をちゃんとやっていないために
職を失い、空席になったそのポジションを
オファーされました。
貴女は……

A：そのポジションを引き受け、同僚からは貴女のせいでジムが会社を辞めたのだと思われる。

B：職場に波風を立てないように、昇進を断る。

→ p149 Bに進む

→ p149 Aに進む

貴女が率いるチームの男性メンバーが、
事あるごとに貴女を妨害したり、
批判したりして貴女のポジションを
狙っているのが明らかだ。貴女は……

A：その男性メンバーをチームから追い出す。

B：休職してその男性に自分のポジションを明け渡す。

→ p149 Bに進む

→ p149 Aに進む

ジムのそのまた上の上司は貴女を失いたくないので、給与を上げてくれた。そこでジムは貴女を攻撃のターゲットにするようになった。貴女は……

A：別のチームで今より地位が高いポジションに異動する。

B：昇給を辞退し、苦情も取り下げて、自分の仕事を全部ジムの手柄にしてあげる。

→ p149 Bに進む

→ p149 Aに進む

A

貴女は誰からも
好かれます！

貴女は人間関係を良好に保つために自分のキャリアを犠牲にしてきました。そのおかげでできたたくさんのお友達が、貴女が低所得者向けの住居に引っ越しする時には手伝ってくれるでしょう。

B

貴女は
成功します！

貴女は一生懸命努力して前進してきたのですから、それを誇りに思うべきです。たとえランチの時に誰も話しかけてこなくても、本当は貴女のことをどう思っているのか誰も教えてくれなくても。

結 論

好感を抱かれるよりも昇進する、昇進よりも周囲から好かれる、そして、好かれもしないし昇進もしない、という異なる時期を体験するかもしれません。けれども、ある朝目覚めた時、そういったことがどうでもよくなります。その時こそ、貴女が最も好感が抱けて、最も成功した人物になる日です。少なくとも貴女にとって。

練習：実存的オーグチャート（組織図）

権力欲を制御するひとつの方法は、貴女が求めるものよりも重要なことがあると思い出すことです。たとえば、他人から好かれることとか、誰も不愉快にさせないこととか、自信がない男性から魅力的だと見られることとかです。次の実存的オーグチャートにそれらを書き込みましょう。

実 存 的

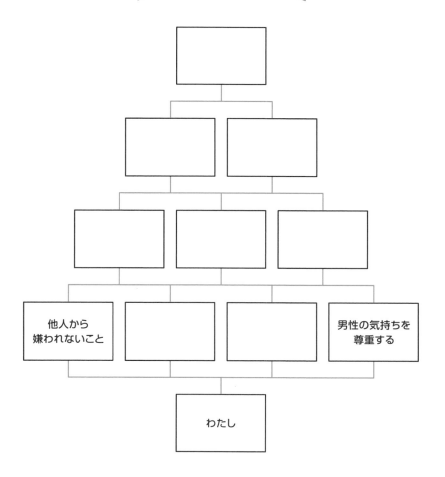

≫ オーグチャート ≪

他人から
嫌われないこと

男性の気持ちを
尊重する

わたし

START EACH DAY
WITH A
Positive
Thought
SUCH AS
I'm going back to
BED NOW

ポジティブな思考で1日を始めよう。
たとえば、

「またベッドに戻って
　二度寝しよう」

とか……。

同盟関係

CHAPTER **10**

男性のための
「よくできましたシール」

私たち女性が男性と同等の権利をやんわりと求める時には、味方になってくれる男性を探さなければなりません。この同盟関係を構築する最良の方法は「陽性強化（好ましい行動を褒めたり褒美を与えたりして、その良い行動を強化させる条件づけのトレーニング方法）」です。つまり無能でぼんくらな男性たちが失態をやらかしたら指摘も批判もせず、その代わりに彼らが正しいことをした時にはおおいに褒めてあげるということです。そう、それがたとえ人間として最低限レベルの良識であっても。

ぶっちゃけ、それ以上のことは彼らには求めてもムダです。女性の皆さん、男性が人間としての最低限の良識を示したら「よくできましたシール」を与えて、祝福してあげましょう。

女性を「人間」として扱いました

会話の最中
「だけど
実際にはね……」
を一度しか言いませんでした

会議でたった
95%
以下しか喋りませんでした

露出

他の誰にもペニスの

しませんでした

他人の会話中に間違いを正す咳払いをしませんでした

卑劣な男に対して

卑劣だと指摘しました

社のチームの結束のための集まりを **ストリップクラブ** でするところを提案しませんでした

オフィスの空調設定を17℃以上にキープしてくれました

17°
C

社における **性差別が実際にある可能性** を考慮してくれました

クズ男のマブダチを擁護するのを
ちょっとだけ控えました

ハイタッチを最小限に
とどめました

女性の同僚の発言を遮る前に
1分だけ待ってあげました

自分がよく知らないことを
女性に
説明して
あげている途中で
乗るのをやめました

もしかして、ボク、「ひとりよがり」だったかも?

議論を
「**はい論破!**」
で締めくくるのを
我慢しました

わが子の「子育て」のことを「子守り」と呼びません

結 論

もしこれらの「よくできましたシール」全てを得た稀な男性がいたら、気をつけましょう。もしかしたら女性かもしれないし、ロボットか異星人かもしれません。

練習：**最良の褒め言葉トラッカー**

男性は素晴らしい褒め言葉を知っていますよね。貴女を特別な存在だと思わせてくれた褒め言葉を耳にしたら、忘れないように次の記録帳に記載しておきましょう。

最 良 の 褒 め 言 葉

トラッカー

わ～。君ってエンジニアには見えないよ!

美人のうえに頭もいいんだ!

女の子でしかも頭脳明晰!

君みたいな女性がもっと必要だ!

君はこの仕事をやるには可愛すぎるよ!

子育てと仕事のバランスを取っているなんて素晴らしい!

退屈な会議の時に一人で遊べる
「ビジネスEメール常套句ビンゴ・シート」

お元気でいらっしゃいますか	お返事するのが遅れて申し訳ありません	今まであなたのメールに気づきませんでした	この件まだ返事が必要ですか?	Bump（返事がないメールへの再確認メール）
ハッピー（月火水木金）デー！	天気の話題	全文赤字にする	文字を太字にする	添付し忘れる
パッシブアグレッシブなコメント	不要な絵文字	自動応答メール	ちょっと質問	簡単な最新情報
ただ進行状況を確認しているだけ	ただフォローアップしているだけ	電話するほうがいいですか?	前もってお礼申し上げます	全員へ返信しないでください
それでは	じゃあね	敬具	iPhoneから送信	メールの内容そのものより長い免責条項

時間経過と
集中力

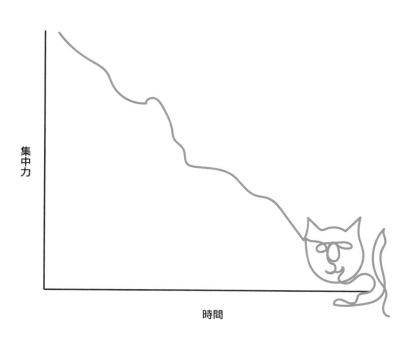

集中力

時間

YOUR IMPOSTER SYNDROME WILL NEVER Be good enough

有能なのに
自分が詐欺師のような気がしてしまう
「インポスター症候群」でお悩みですか?
ご心配なく。

みんな貴女が軽症すぎると
思っていますから。

起業家精神

アントレプレナーシップ

CHAPTER **11**

迫力満点の「レディー・ボス」の ための完璧なピッチデック

女性起業家の貴女は、残念なことに、「怖くない女」ス レスレの領域をとっくに超えてしまいました。「怖い女」 のレッテルから逃れることはできませんが、その悪影響 を減らすために、自社を経営する女性に対するダブル スタンダードのすべてを念頭に置いて先回りすることは できます。

非常識としかいえない状況に備えて、ピッチデック*は 隙がない完璧なものでなくてはなりません。貴女が準 備するピッチデックには次の10のスライドを含めなけれ ばいけません。

*スタートアップ企業が投資家に向けて用意する自社の目標、計画などのプレゼンテーショ ン資料

創業者について

マーリーン・スティーヴンス、ママ起業家のママプレナー

女性のアントレプレナー（起業家）にはパワフルなイメージがあります。そのイメージが与える刺々しさを和らげる有効な方法のひとつに、女性らしいキュートなタイトルを自分につけることがあります。そうすれば貴女がリーダーでありながらも女らしさを維持しているという印象を投資家に与えることができます。そういったタイトルの例として次のようなものがあります。

- ガール・ボス（Girl Boss）
- レディー・ボス（Lady Boss）
- シー EO （She-EO）
- ビジネス・クイーン（Business Mogulette）
- ペアレントプレナー（Parentrepreneur）
- ママプレナー（Mompreneur）
- ウーマンプレナー（Womantrepreneur）
- エストロゲン・アントレプレナー（Estrogentreprenuer）

白人男性の共同創業者について

ライアン・アーチボルド、男性共同創業者（白人男性）

投資家が投資先を決める時には一定のパターンに従うものですが、そのパターンのひとつが「最も成功しているCEOは白人男性だ」というものです。ですから、架空の白人男性共同創業者*を創作することで貴女のビジネス案を正当化することができます。ピッチのプレゼンテーションの後、実際に返事が欲しいのであれば、架空の男性共同創業者の名前で連絡を取りましょう。

*アート専門のオンラインマーケット「ウィッチシー（Witchsy）」の共同創業者、ペネロペ・ゲイジンとケイト・ドワイヤーは架空の男性共同創業者キース・マン（Keith Mann）を創作し、ビジネスのメールはマンの名前で行った。女性と男性では投資家の反応や取引先の対応に大きな差があることがわかったからである。

わが社の製品

背が低くて、ずんぐりしていて、
洗練されていない男性にぴったりのシャツ

潜在的な投資家たちが自ら使うことを想像できるような製品にするよう気をつけましょう。でないと、彼らは製品に価値を見いだせないからです。人口の半分は女性であるにもかかわらず、女性を対象にした製品はニッチだとみなされることをお忘れなく。

貴方の奥様はわが社の製品について
こう思っていらっしゃいます

「すばらしい製品です!」
──貴方の奥様のジュリア

貴女の製品が男性向けではない場合、プレゼンの相手である投資家に
とってお母さん、ガールフレンド、妻、秘書、あるいは愛人がその製品
を使うことを想像しやすくなるようにしましょう。プレゼンの前にこれ
らの女性と話して推薦をもらうことができたら、さらに得点が高くなり
ます。それに、これらの女性に後で製品の良し悪しを尋ねようと思う投
資家の手間も省いてあげることができます。

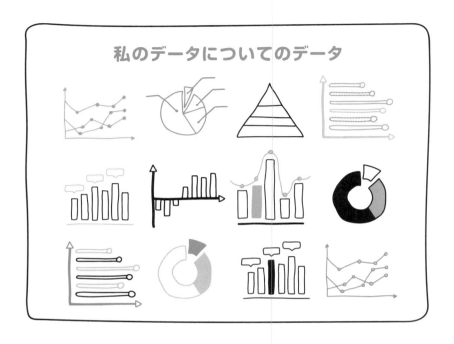

私のデータについてのデータ

貴女の男性共同創業者は架空なので、もちろんプレゼンには同席できません。単独でプレゼンする貴女が予測していなかった裏付けデータを要求されたら、とっさに答えられずに困ってしまいます。ですから先回りで過剰なデータを提供して投資家を煙に巻き、不意打ちできないように封じてしまいましょう。

このスライドは故意に白紙にしています。
投資家のみなさんに私のビジネスがどういうものかを
マンスプレイニングしてくださる時間を
さしあげるためです

さっき貴女があれほど詳細なデータを説明したのに、投資家がそれを完璧に無視して、貴女のビジネスはどういうものなのかを貴女に滔々と説明してくれることでしょう。あらかじめ心の準備をしておきましょう。

投資額　250,000ドル

125,000ドル: eコマースのバックエンドとアプリ

50,000ドル: 人件費

25.000ドル: マーケティング

20,000ドル: オフィスの賃貸料と備品

15,000ドル: 人材募集

10,000ドル: 販路

4,000ドル: フルフィルメント
（商品の受注から入金管理に至るまでの一連の作業）

1,000ドル: 製品倉庫

男性の創業者はプレゼンで「販促ノベルティグッズとかなんとか」に使うというあいまいな説明だけで300万ドルを要求しても許されます。でも女性である貴女は同レベルの信頼はもらえません。ですから要求する投資額をどう使うのか1セントのレベルまで詳細にわたって説明し、「販促ノベルティグッズ」なんかは絶対に含めてはなりません。

創業者の私についてさらなる情報

既婚です。

住居は賃貸。持ち家ではありません。

はい。夫にはちゃんとした仕事があります。

はい。これは私にとってフルタイムの仕事です。

私はポルトガル人とユダヤ人のハーフです。

私には外国人訛りはありません。

お褒めの言葉をありがとうございます。
この服はディスカウント店で買いました。

子供は、ミッドランド中学校に通っています。

貴女のバックグラウンドについて、過去の人間関係、貴女の外見、貴女の夫、貴女の子供など、ビジネスにはまったく関係のない質問をされる覚悟をしてください。そして、これまで何度も聞いて聞き飽きた典型的なオヤジギャグに対して愛想笑いをすることもお忘れなく。

ランチとディナー・ミーティングを
安全にできることを確約する

投資家は、男性創業者とは気軽にランチやディナー、酒の席に行くのに、女性創業者とは同じことをするのをためらいがちです。自分がついセクシャル・ハラスメントを犯してしまうことを案じている彼らを安心させるために、社外で会う時には貴女が隔離用バブルに入って行くことを提案してみましょう。

投資家はいつも、自分たちの会社が「多様性」を重んじているように見せかける方法を探しています。ですから、四半期ごとに会って無駄なアドバイスをしてくれることと引き換えに、彼らのウェブサイトに貴女を使うことを提案してみましょう。実際には貴女に出資せずにして、マイノリティの起業家に投資しているふりをすることができるというお得なチャンスを与えてあげるのです。これは素晴らしいセールスポイントになります。

投資家が何を求めているのかを予測することで、彼らが貴女に投資する決断をしやすくなります。そして、貴女が投資家の一歩先を行くことで、男性創業者と同等に扱ってもらえるまで、残りはたったの49歩になります。

練習：スポーツ・メタファーを使う練習帳

貴女のビジネス環境が男性社会だとしたら、スポーツを使った比喩表現の「スポーツ・メタファー」をよく耳にすることでしょう。よく使われるそれらの表現がどこからきているのかを知り、会話にちゃんとついていけるようにしましょう。彼らが知らない「非スポーツ・メタファー」を使おうなどと思ってはいけません。すごく機嫌を損ねてしまいますから。

→ p178-179へ

ビジネス豆知識

幼児とCEOの共通点と違い

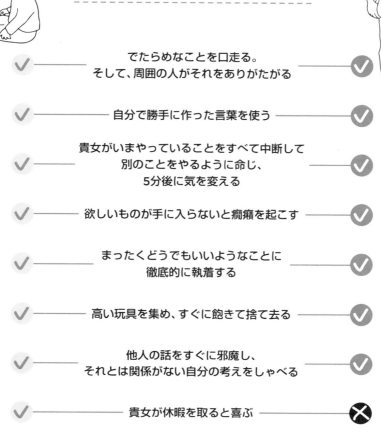

✓ ── でたらめなことを口走る。
そして、周囲の人がそれをありがたがる ── ✓

✓ ── 自分で勝手に作った言葉を使う ── ✓

✓ ── 貴女がいまやっていることをすべて中断して
別のことをやるように命じ、
5分後に気を変える ── ✓

✓ ── 欲しいものが手に入らないと癇癪を起こす ── ✓

✓ ── まったくどうでもいいようなことに
徹底的に執着する ── ✓

✓ ── 高い玩具を集め、すぐに飽きて捨て去る ── ✓

✓ ── 他人の話をすぐに邪魔し、
それとは関係がない自分の考えをしゃべる ── ✓

✓ ── 貴女が休暇を取ると喜ぶ ── ✗

スポーツ・メタファー

ワークシート

ホッケー ●

アメリカンフットボール ●

野球 ●

競馬 ●

ゴルフ ●

ランニングレース ●

レスリング ●

テニス ●

バスケットボール ●

ボクシング ●

サッカー ●

- Skate to where the puck's going to be （氷上のパックがこれから滑っていく先に行く）
  過去ではなく将来を考える

- In your wheelhouse （あなたのストライクゾーンで）
  あなたの得意／専門の分野で

- Full-court press （コート全体を使ってディフェンスのプレッシャーをかけるフルコートプレス）
  全面的攻撃／全面的努力

- The ball's in their court （ボールは彼らのコートにある）
  責任は彼らにある。彼らは行動を取るべきだ

- Down for the count （ダウンしてカウントされている）
  ノックダウン（敗北）

- Under the wire （ゴールの線内で）
  締め切りギリギリでかろうじて間に合う

- Knock it out of the park （場外ホームランを打つ）
  予想以上の成果を上げる

- Slam dunk （スラムダンク）
  容易にやり遂げる／必然的結果

- Swing for the fences （ホームランを狙って思い切りバットを振る）
  結果は確実ではないが、成功すれば利益が大きくなる選択をする

- Par for the course （このコースではパー〈基準打数〉だ）
  この状況ではよくあること／当たり前のこと

- Go to the mat （マットで闘う）
  最後まで力の限り戦う／激しく争う

- No holds barred （闘いで禁じ手がない）
  無制限／無条件

- Call an audible （クォーターバックが前もって予定していたプレーの変更指示を出す）
  予定を土壇場で変える

- Move the goal posts （ゴールポストを動かす）
  すでに進行している企画や取引の条件やルールを途中で変える

- Monday-morning quarterback （月曜のクォーターバック）
  （日曜日にあるアメフトの試合が終わった月曜に、いかにもその結果を予期したかのように語る人のことから）後知恵を語る人

- Pulling a Rosie Ruiz （ロージー・ルイーズをやってのける）
  （ボストン・マラソンで優勝したが後に不正行為が判明して取り消されたロージー・ルイーズから）ごまかしをやってのける

REWARD YOURSELF
FOR ONLY
Eating
HALF THE COOKIE
By eating the
OTHER HALF
OF THE COOKIE

半分しかクッキーを
食べていないことのご褒美として、
**残り半分の
クッキーを食べよう。**

セルフケア

CHAPTER **12**

ストレスだらけでいながら
リラックスする方法

「ミー・タイム」という言葉を知っていますか? 家事、育児、仕事で忙しすぎる現代女性が自分を優先して「わたしだけの時間」を作ることです。聞いたことがないって? 私もそうです。だって、そんなものは存在しませんから。でも、ないにせよ、作る努力はしてみましょう。リラックスすることを想像しただけで耐えられないほどのストレスがたまるのですが、それでも自分にリラックスを強いるありとあらゆる手段を考えましょう。

貴女がやるべきことを中断せずにリラックスできる素晴らしい方法をいくつかご紹介します。「リラックスなんかしている場合じゃない。仕事を片付けなければ」とさらにストレスをためるだけかもしれませんが。

セルフケアのアイディア ❶

鍼を購入して自分でやっても
同じ効果は得られるのではないかと思いつつ
鍼療法を受ける

こんなの、
効くわけないわ。

こういう時におすすめです：

貴女より後に入社した男性の同僚が貴女より先に昇進した時

昨日のプレゼンでの大失態を
頭の中で何度も回想しながら瞑想する

『実は〜』という口癖を
あんなに繰り返してしまった。

こういう時におすすめです：

貴女のプレゼンの途中で上司が居眠りを始めたのを見てしまった時

セルフケアのアイディア **3**

緊張を解き、再充電するために
仕事を休んだのに、
結局は家の中を大掃除してしまう

この汚れが取れるまで
永遠に拭き続けるわ。

こういう時におすすめです：

男性の同僚が、女性は生物学的にここでの仕事には向いていないという
声明文を書いた時

胎児のように膝を抱えて丸くなり、
身体を前後に揺らせながら、
もし同僚がこんな自分を見たら
どんなことになるかと想像する

私がやっている
即興コメディのクラスの
実習だと言えばいい。

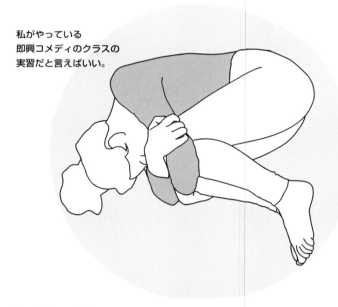

こういう時におすすめです：

貴女が招集した会議を男性の同僚が脱線させてしまい、それが何について
ての会議だったのかを説明する会議を新たに計画しなくてはいけないの
だけれど、それに怖気づいている

セルフケアのアイディア ⑤

家中の毛布とクッションを集め、ふだん飲まない紅茶をいれてソファに座りましょう

くそっ。
この紅茶もう冷めてるわ。

こういう時におすすめです：

この調子だと90歳になるまで引退できないと悟った時

大人用の塗り絵本に落書きをしながら、
アーティストになっていたら
素晴らしいキャリアを築くことができたのに
と思う

この仕事で
お金もらえないかしら?

こういう時におすすめです：

貴女のメンターが折返しの電話をくれない時

セルフケアのアイディア **7**

リラックスのためにいつもより長めにシャワーを浴びることにしたのに、せっかくのその時間を、水を無駄に消費する罪悪感を抱くことに使ってしまう

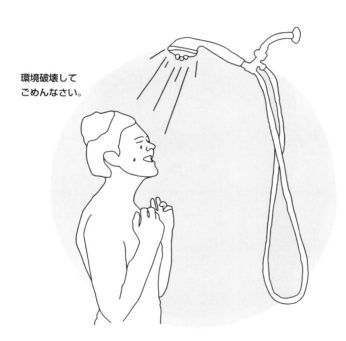

環境破壊して
ごめんなさい。

こういう時におすすめです:

徹夜で書いたメールを結局送らないことに決めた時

パスタを一皿全部食べ、
一口ごとにその味を楽しみながら
摂取カロリーを数える

562,662……762,862,962

こういう時におすすめです：

10年前の自分の写真を偶然見つけて、その頃に何をしていたのかまったく思い出せない時

セルフケアのアイディア **⑨**

ネットで子猫の写真を眺め、それからカワウソの赤ちゃん、象の赤ちゃん、子犬の写真を眺めた後で、また子猫の写真を眺める

カワイイ～

こういう時におすすめです：

ネットで貴女より若くて成功している女性と自分を比較することに6時間も費やしてしまった時

仕事を辞め、髪を短くし、名前を変え、ギリシャへの片道旅行に出かける

きっとできる。

こういう時におすすめです：

諦念に達した時

結　論

どんな時でも私を落ち着かせてくれるのは、どのセルフケアの習慣を選んだとしても、それをやり終えた時には、以前と同じ悩みがそのまま待っていてくれるということです。

練習：**毎日の謝罪チェックリスト**

なにもかもに謝罪するのは本当に気持ちが良いことですよね。謝りすぎることなんて、決してありません。チェックリストを使って今日まだ謝罪していないかもしれないことの記録をつけましょう。

毎 日 の 謝 罪

> チェックリスト <

私は次のことを謝罪します。

- □ 返答が遅れたことを
- □ 返答が早すぎることを
- □ ヘッドフォンを装着していることを
- □ 私が話している最中に
  他人に割り込ませたことを
- □ あなたのベーグルを
  じっと見つめていることを
- □ 話し声が小さすぎることを
- □ 発言などしたことを
- □ 石に躓いたことを(石に謝る)
- □ 打ち明け過ぎたことを
- □ あまり打ち明けないことを
- □ 質問したことを
- □ 欺かれたことを
- □ 出された食べ物が
  気に入らないことを
- □ いつもと違うものを
  注文したことを
- □ 私の席に他の人が座っていたことを

- □ 「ごめんなさい」と言ったことを
- □ 仕事への報酬を求めたことを
- □ ぶつかられたことを
- □ この椅子に座っていることを
- □ 場所を取っていることを
- □ 援助が必要なことを
- □ 援助を提供したことを
- □ 歩く時に
  私の靴が音を立てることを
- □ 運転が速すぎることを
- □ 運転が遅すぎることを
- □ 食べ物を飲み込む時に
  音をたてることを
- □ 知識と技能をもって
  仕事をしていることを
- □ 他人のミスについて
- □ 自分に誇りを抱いていることを
- □ 意見を発言したことを
- □ 成功していることを

ビジネス豆知識

金曜日

これを
日曜日には
完成させる。

日曜日

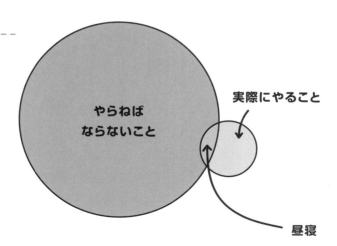

日曜日

やらねば
ならないこと

実際にやること

昼寝

怖 い 女 に な ろ う

何人かの男性にこの本のタイトルを伝えた時に返ってきた反応は次の3
つのいずれかでした。

1. このタイトルによって純粋に気持ちを傷つけられた男性たちは苛立
ちました。このタイトルが男性に対する性差別であり、虐待であり、
対立的で、不当だと思ったようです。自分が攻撃されているとも感
じたようです。でも、男性は普段から感情を排除した侵入不可能な
要塞を持っていることを誇りにしているのですから、その要塞を貫
通するような大それたことをこの私がやってのけるなんて、畏れ多
くて考えてもいませんでした。これらの男性は、成功している女性
に対して怯んだことはないし、怯んだりできっこないはずです。彼
らが怯んだことを示唆するなんて、まったくもって非常識ですよ。

男性が私に脅かされるかもしれない、と示唆したことによって、私が「怖
い女」になってしまったことを、この場を借りてお詫びいたします。

2．前出の男性たちと同じように純粋に気持ちを傷つけられたのだけれ
   ども、それを見せたくない男性たちは、ただ黙り込むか、沈痛な面
   持ちになり、話題を変えました。彼らは最初からこの本を読まない
   と決めていました。なぜなら、自分でも認めたくない、あるいは自
   覚していないかたちで心が傷つくとわかっているからです。

「怖い女」との居心地が悪い人間関係について考えさせてしまったこと
について、これらの男性にもお詫びします。

3．1と2のタイプの男性とは異なり純粋に気持ちを傷つけられなかっ
   た男性たちは、このタイトルを耳にした時に笑いました。笑った後
   で彼らはしたり顔でうなずくか、「その続きを聞かせてよ」という
   感じでニヤッとしました。それだけでなく、こんなに失礼なタイト
   ルにもかかわらず本も読みたがりました。明らかに男性読者を念頭
   に書かれたけれども男性読者専用ではない本を私が読むような感じ
   で、彼らも私の本を読んでくれるのではないかと想像しています。

する必要はないのですが、これらの男性にもお詫びしておきたいと思い
ます。他の2つのタイプの男性と関わらなければならないことについて。

でも、ここでの一番バカげたことは何だと思います？

私は女性のために本を書こうと思ったのに、起こり得る事態をあれこれ
と想像し、その挙句の果てに男性にどう思われるかを死ぬほど恐れてし
まったことです。

架空の男性による架空の反応で私の頭はいっぱいになり、他のことを考
える余地がほとんどなくなってしまいました。

こういった私の反応こそが、この本を書くそもそもの理由でした。

この本は男性のためのものではありません。タイトルにしてもそうです。
タイトルについて言えば、私たち女性が男性にどのような感情をもたら
すのかということはあまり関係ないのです。そうではなく、私たちが男性
にどのような感情を抱かせるのかを心配して、彼らにどう思われたいと
か、どう感じさせないようにしようとかいう考えに取り憑かれてしまい、
それが私たちにとって最も重要なことになっているのが問題だというこ
となのです。

では、どうすれば男性の気持ちを傷つけずに成功できるのでしょうか？
それはありえません。

男性が不愉快になるかならないかに関係なく、貴女が成功する人なら成
功します。なぜなら、それは彼ら次第ではなく、貴女次第だからです。

それぞれの男性は自信がある人かもしれないし、自信がない人かもしれ
ない。性差別主義の嫌な奴かもしれないし、そうではないかもしれない。
貴女が成功するのを邪魔する男かもしれないし、すでに邪魔をしている
かもしれない。

でもね、彼らが抱えている個人的な問題を改善してあげるために女性が
自分をどう変えるべきかというルールは、私たちを助けてはくれないん
ですよ。

私たちを助けるのは私たち自身です。もっと、もっと多くの私たち。そ
れも、あちこち、そこらじゅうに。だから、踏み出しましょう。そして、
誰のことも気にせずに、思いのままに「怖い女」になったり「怖くない女」
になったりしましょう。

謝辞

笑えるけれど、時には壁に投げつけたくなるようなこの本を書くために、多くの人々に助けていただきました。

まずは、私が設定したバカバカしいシチュエーションに現実味をつけるために使わせていただいたイラスト用の写真モデルであるニッキ・チェイス、エミリー・ブラウニング、ヘザー・ヤング、ヒラリー・ヘッセ、エミリー・コーボ、ジェイソン・カイル、アラン・レイゾ、クリスチャン・バックスター、アレックス・ガルシアに感謝します。

最初のコンセプトで途中まで書き進めた時に間違った本を書いているのではないかと落ち込み始めた私に対して「自分の直感を信じなさい」と言ってくれた文芸エージェントのスーザン・ライホファーにお礼を申し上げます。考える忍耐を持たない私のことを考慮してくれ、常に率直でいてくれたことに。そして何よりも、出版社からこれを含めて3冊本を出す契約をしてくれたことに。彼女の尽力がなければ、この本は存在しなかったでしょう。私自身ができると信じていなかったことの実現を確信してくれてありがとう。

編集者のパティ・ライスは、そんなことは不可能だと思ったのですが、前作の時よりもさらに忍耐を持って、私が見逃した細かな点にも対応してくれました。カーツィー・メルヴィルは、私が想定していた締め切りより数ヶ月は時間がかかることを予期してくれたことに感謝します。

断片的な初期原稿を読んでフィードバックしてくださったベータ版テスターの次の方々にも感謝します：アントネラ、タマラO、モリーS、アンバー、スーザン、トッド、カレン、マット、ロブ、ティア、タマラW、ミカエラ、ペイペイ、ベス、ブレンダ、タム、ステイシー、アーヴィング、クリスティーナ、ケイティ、レイガン、ニコル、モリーJ、キアンティ、ローラ、ウエイン、アブラ、ジョー、ローラ、ヘザー。あなたがたの援助なしにはこの本を完成させることはできませんでした。

そしてもちろん、ランスとジェニファー・クーパー、レイチェル・クーパー、カーマイン・クーパー、ランスとスージー・クーパー、そしてその他すべてのクーパー家のみんな。あなたがたのおかげでこのクーパーはなんとかやっています。

最後に、私の夫で、私のパートナーで、私の親友であるジェフに感謝します。あなたは、間違いなく「2012年に私が会った人物」のトップ20に入ります。

訳者あとがき

本書の作者サラ・クーパーのことを知ったのは、新型コロナウィルスのパンデミックが始まった2020年の春でした。

当時アメリカの大統領だったドナルド・トランプは、体内への紫外線照射や消毒剤の注射などとんでもない素人療法を考えついては、あたかも素晴らしい発明のように公の場で発表していました。こういった大統領の言動は、得体が知れない感染症に対する恐怖と閉塞感を倍増させるものでした。

不安、猜疑心、怒りで満ちていたその頃のTwitterで、サラのトランプを真似たロパク映像を見つけました。シンプルな作りなのに、サラの絶妙な表情とタイミングがトランプの言葉のバカバカしさを際立たせ、つい吹き出してしまうのです。不安や怒りを笑いに変えてくれるサラに感謝した人は多かったと思います。

サラはYahoo!やGoogleなど有名なIT企業で勤務しながらスタンダップコメディ（観客の前で演じる即興話芸）を演じてきました。仕事をしながらネタを集めていたことが想像できます。Googleに勤務していた時に書いたブログ記事「会議で賢い印象を与える10の秘訣」がバズったのをきっかけに会社を辞め、自己啓発書のパロディである『会議でスマートに見せる100の方法』と本書を刊行しました。どちらも面白いのですが、たくさん購入してアメリカ人の姪や甥、友人に贈ったのは本書のほうです。

私が会社員だったのは21世紀のシリコンバレーではなく20世紀末の東京ですが、どのページにも「あるある！」と同感してしまいました。ひとりで笑ったりムカついたりしているよりも多くの人と共有して職場環境や社会を変える対話を生み出したいと思うようになり、亜紀書房の編集者の足立恵美さんに「日本の女性にも読んでもらいたい」と相談をもちかけて誕生したのがこの本です。

多くの人と「あるある」体験をシェアし、対話をスタートしていただければこれほど嬉しいことはありません。

2023年10月　渡辺由佳里

サラ・クーパー　　Sarah Cooper

ライター、コメディアン。Yahoo!やGoogleの「ユーザーエクスペリエンスデザイン」のデザイナーとして勤務しながら、前大統領のドナルド・トランプをロパクで風刺した動画をTikTokに投稿し、この動画は世界中で数百万の人々に再生され、Netflixの特別番組がそれに続いた。その後コメディアンとして独立。また自身のブログをまとめた『会議でスマートに見せる100の方法』（早川書房）がベストセラーになり、ライターとしても活躍。世界中に何百万人もの読者がいる風刺ブログ「TheCooperReview.com」のクリエーター。

渡辺由佳里　　Yukari Watanabe

エッセイスト、翻訳者、洋書レビューアー。1995年よりアメリカ在住。
自身でブログ「洋書ファンクラブ」を主幹。年間200冊以上読破する洋書の中からこれはというものを読者に向けて発信している。
2001年に小説『ノーティアーズ』（新潮社）で小説新潮長篇新人賞受賞。翻訳書には、『グレイトフル・デッドにマーケティングを学ぶ』（糸井重里監修、日本経済新聞出版）、スナイダー『毒見師イレーナ』（ハーパーコリンズ・ジャパン）、ソルニット『それを、真の名で呼ぶならば』（岩波書店）など。著書に『新・ジャンル別 洋書ベスト500プラス』（コスモピア）、『ベストセラーで読み解く現代アメリカ』（亜紀書房）、『アメリカはいつも夢見ている』（KKベストセラーズ）など、多数がある。

男性の繊細で
気高くてやさしい
「お気持ち」を傷つけずに
女性がひっそりと
成功する方法

2023年11月26日　第1版第1刷発行

著者　　サラ・クーパー
訳者　　渡辺由佳里
発行者　株式会社亜紀書房
　　　　〒101-0051 東京都千代田区神田神保町1-32
　　　　電話 (03)5280-0261　振替00100-9-144037
　　　　https://www.akishobo.com

装丁　　アルビレオ
DTP　　山口良二
Cover illustration based on photograph by Scott R. Kline

印刷・製本　株式会社トライ
　　　　　　https://www.try-sky.com

Printed in Japan　ISBN978-4-7505-1821-3　C0095
Japanese translation©Yukari Watanabe 2023